W0178191

Die
Zuverlässigkeit
der Bibel

A. E. Wilder Smith

Die Zuverlässigkeit der Bibel

Wegweiser-Verlag

2. verbesserte Auflage

Alle Rechte vorbehalten
© Wegweiser-Verlag GmbH
A-1090 Wien, Nußdorferstr.5
Verlagsarchiv-Nr.: 020493

Grafik und Satz: Ernst Looser, Gerhard Lauterer
Druck: Grindeldruck Hamburg
Printed in Germany

ISBN 3-900160-01-5

Inhaltsverzeichnis

DER AUTOR

Arthur Ernest Wilder Smith, geboren am 22.12.1915, studierte Naturwissenschaften an der Universität Oxford und promovierte auf dem Gebiet der Organischen Chemie an der Universität Reading. An der Universität Genf erhielt er seinen zweiten Doktortitel in Naturwissenschaften. 1964 wurde ihm sein dritter Doktortitel von der ETH Zürich verliehen.

Wilder Smith war in der Krebsforschung an der Universität London tätig, leitete die Forschungen der Pharmazeutischen Abteilung einer Schweizer Firma, las als Privatdozent an der medizinischen Fakultät der Universität Genf Pharmakologie und Chemotherapie, war Berater im Generalsrang der amerikanischen Streitkräfte der NATO für das Problem des Drogenmißbrauchs und Gastprofessor an verschiedenen Fakultäten in den USA, Europa und Asien. Bis 1970 war er Ordinarius für Pharmakologie am Medical Center der University of Illinois, Chicago. Dann war er zwei Jahre als A.I.D. Professor in Ankara, Türkei, wo er die Aufgabe hatte, Graduate Pharmacology einzuführen.

Von Professor Wilder Smith stammen über 50 wissenschaftliche Veröffentlichungen; auch arbeitet er ständig beim wissenschaftlichen Magazin <<factum>> mit.

VORWORT

Von Augustinus, dem bedeutendsten Kirchenvater des Abendlandes, stammt das Wort: "Aus dem Reich Gottes, von dem uns eine Verbannung trennt, kamen Briefe zu uns. Das ist die Heilige Schrift, die uns ermahnt, gut und recht zu leben." Alles, was wir über Gott und unseren Herrn Jesus Christus wissen, wissen wir aus der Bibel. Wollen wir erfahren, wer Christus war und was er gelehrt hat, dann müssen wir auf die Bibel und auf sie allein zurückgreifen. Mit dem Zeugnis dieses einzigartigen Buches steht oder fällt das gesamte Christentum. Woher aber nehmen die Christen die Gewißheit, mit der Bibel auf festem Grund zu stehen? Wurden die Worte und Taten Jesu verläßlich überliefert? Was deutet darauf hin, daß die Bibel göttlichen Ursprungs ist? Wie kommt es, daß Menschen bis heute vom Zeugnis der Heiligen Schrift erfaßt und getröstet werden und plötzlich erfahren können, daß ihr Leben durch ihr persönliches Vertrauen zum Wort Gottes einen tiefen Sinn erhält?

Das vorliegende Büchlein beantwortet diese brennenden Fragen. Es möchte vor allem das Vertrauen zur Bibel als "Wort Gottes" stärken und praktische Überlegungen und Hilfestellungen bieten im Gespräch über ihre göttliche Inspiration und ihre historische Glaubwürdigkeit. Denn die Bibel erhebt den Anspruch, beides zu sein: zuverlässige historische Quelle und autoritative göttliche Offenbarung. Der Anspruch der Bibel "Wort Gottes" zu sein, läßt sich jedoch letztlich nicht mit menschlicher

Vernunft beweisen und ergründen wie eine mathematische Rechenaufgabe.

Im Johannesevangelium (7,16-17) sagt Jesus: "Meine Lehre ist nicht von mir, sondern von dem, der mich gesandt hat. Wenn jemand dessen Willen tun will, wird ihm klar werden, ob diese Lehre von Gott ist oder ob ich aus mir selbst rede." Das Reden Gottes in der Bibel erkennt nur der, der ihren Aussagen im Glauben rückhaltlos vertraut und sie befolgt. Dann wird die Bibel für ihn zum Buch des Lebens, zum Buch des kommenden, befreienden Gottesreiches, an dem er selbst teilhaben wird.

Dr. Daniel Heinz
Seminar Bogenhofen

Erster Teil - das Selbstzeugnis

DIE ZUVERLÄSSIGKEIT DER BIBEL

Nach einer langen Diskussion mit einem Prediger, der Volltheologe ist, faßte dieser das Gesagte zusammen, indem er behauptete, daß man in Deutschland wohl kaum einen Theologen finden könne, der glaube, daß die ganze Bibel von Gott eingegeben worden sei. Er selbst, obwohl Verkündiger der Botschaft des Herrn Jesus Christus, glaubte auch nicht daran. Die Bibel sei eben ein Schatz in irdenem Gefäß; sie enthalte wohl das Wort Gottes, sei aber an sich nicht das Wort Gottes. Manches, was sich in der Bibel finde, könne nicht als eingegebenes Wort Gottes betrachtet werden.

Die meisten jungen Männer, die durch die theologischen Fakultäten der Universitäten - und leider mancher Bibelschulen - Englands und der Schweiz hindurchgehen, werden im Laufe ihres Studiums in bezug auf die Frage der Zuverlässigkeit der Bibel zu einer ähnlichen Einstellung geführt.

Das Wort Gottes ist nach seinem eigenen Zeugnis vom Heiligen Geist eingegeben worden. Indem wir an dieser Aussage festhalten, wollen wir nicht behaupten, daß jedes Wort und jeder Punkt einer heutigen Bibelübersetzung oder der uns heute zugänglichen Grundtexte direkt von Gott inspiriert seien. Es ist klar, daß im Laufe der Jahrhunderte durch Kopieren, Bedeutungswandel von Worten und so weiter Fehler eingetreten und schwer verständliche Ausdrücke entstanden sind. Hier ist das ehrfürchtige Forschen einer aufbauenden Textkritik angebracht. Die Urtexte der Bibel sind in jeder Hinsicht und in allen Details das von Gott eingegebene Wort.

Wir können in der Bibel zwei Arten göttlicher Eingebung unterscheiden. So gibt es eine direkte Eingebung, die wir Diktat nennen dürfen, und eine indirekte Eingebung. Wenn wir etwa in 2. Mose 24,4 lesen: "Da schrieb Mose alle Worte des Herrn nieder", so haben wir es hier offenbar mit einer direkten Eingebung zu tun, die wir förmlich als diktiert bezeichnen können (vgl. zum Beispiel auch Offenbarung 14,13: "Und ich hörte eine Stimme aus dem Himmel, die sprach: Schreibe: Selig sind die Toten, die im Herrn sterben."). Genau das gleiche ist dort der Fall, wo Männer Gottes von Gott empfangene Prophezeiungen niederschreiben, ohne sie selbst zu verstehen, wie das zum Beispiel oft bei Daniel vorkommt: "Ich war aber ganz erstaunt über das Gesicht und verstand es nicht" (Daniel 8,27; vgl. auch Daniel 7,16; 8,15).

Die Schöpfungsgeschichte gehört selbstverständlich in die Kategorie der direkten Inspiration, weil kein Mensch Augenzeuge dieses Geschehens gewesen sein konnte.[1] Nach einem Schriftzeugnis aus dem Neuen Testament (1. Petrus 1,10) haben Propheten geforscht und über Dinge, die sie selbst durch den Heiligen Geist geweissagt, aber nicht verstanden haben, Verständnis gesucht.

Von indirekter Inspiration kann man hauptsächlich dort sprechen, wo die inspirierten Schreiber entweder selbst erlebtes oder von Augenzeugen vermitteltes Geschehen berichten.

Aus der Fülle der Lebensgeschichten von Menschen und Völkern, die in der Bibel erwähnt werden, sind uns nach Gottes Willen die Ereignisse in den Schriften des Alten und Neuen Testaments überliefert worden, die zu unserer Belehrung und Ermahnung dienen: "Denn alles, was jenen widerfuhr, ist ein Vorbild und wurde zur Warnung geschrieben für uns" (1. Korinther 10,11). Zu dieser Kategorie gehören die historischen Geschichten wie die von Ruth und Esther.

Ob nun direkt oder indirekt inspiriert, so ist die ganze Heilige Schrift von Gott gewollt und von ihm als für uns wesentlich befunden und darum voll gültig. Auch die unästhetischen Geschichten, die man im Alten Testament findet, durch die sich so viele abgestoßen fühlen, sind so zu verstehen. Unverblümt wird der Mensch oft ohne Kommentar geschildert, wie er in seinem Mangel an Ästhetik in Wirklichkeit ist. Auch diese Dinge sind alle zu unserer Ermahnung geschrieben worden.

Unser Theologe vertrat die Ansicht, daß manches, was in der heutigen Bibel steht, in keinem Fall - weder direkt noch indirekt - von Gott eingegeben sei. Ganze Kapitel des ersten Buches Mose und des Buches Daniel zum Beispiel seien einfach historisch unzuverlässig und auch moralisch abzulehnen. Jesus Christus als Heiland könne man ruhig predigen, obwohl er in bezug auf manche Vorgänge nur menschliche Ansichten und Mythen vertreten habe - wie zum Beispiel die historische Wirklichkeit von Adam und Eva, von der Sintflut und so weiter. Derartige Abschnitte der Bibel ließe man am besten, historisch-geschichtlich gesehen, außer acht.

DIE STELLUNGNAHME JESU CHRISTI ZUR ZUVERLÄSSIGKEIT DES ALTEN TESTAMENTES

Wenn wir Jesus Christus wirklich für den Sohn Gottes halten, dann müssen seine Worte für uns letzte und einzige Autorität sein. Er selbst war sich seiner Gottessohnschaft ganz klar bewußt und maß deshalb seinen eigenen Worten letzte und einzige Autorität bei: "Wer mich verwirft und meine Worte nicht annimmt, der hat schon seinen Richter: Das Wort, das ich geredet habe, das wird ihn richten am letzten Tage" (Johannes 12,48). War Jesus Christus nur Mensch und nicht Gott auf dieser Erde, dann wären solche Worte nur der Beweis für eine unvorstellbare Vermessenheit - "meine Worte werden ihn richten am letzten Tage". - Die Worte, die Jesus als Mensch auf dieser Erde sprach, werden Gottes Maßstab beim Jüngsten Gericht sein! Nur als Gott und deshalb als höchste Autorität durfte der Mensch Jesus Christus so sprechen.

Aber es ist nicht nur Jesus Christus, der seine eigenen Worte bezeugt. Gott, der Vater, bezeugt die Worte seines Sohnes: "Dies ist mein lieber Sohn, an welchem ich Wohlgefallen habe; auf den sollt ihr hören!"(Matthäus 17,5). Also hört seine Worte auch als Mensch! Das ist das göttliche Zeugnis über das, was der Sohn als Mensch reden wird.

Es wird vielfach behauptet, daß Jesus Christus auf dieser Erde nur als Mensch mit menschlichen Meinungen und Worten geredet habe. Die Zeugnisse des Vaters und des Sohnes, wie oben zitiert, sind der beste Beweis dafür, daß das nicht der Fall sein kann. Jesus Christus als Mensch ist gekommen, um des Vaters Wort zu verkündigen: "Ich habe ihnen dein Wort gegeben" (Johannes 17,14). Wenn er als Mensch menschliche Meinungen vertreten hätte, dann wären des Vaters Worte, die er geäußert hat, auch nur menschliche Meinungen der damaligen Zeit gewesen !

Die Bibelkritiker versuchen, um diese für ihre kritischen Theorien gefährliche Klippe herumzukommen, indem sie behaupten, daß die Jünger die angeblichen Aussprüche Jesu nach seinem Tod erfunden und sie dann als neutestamentliche Schrift niedergelegt hätten.

Diese Ausrede ist nicht stichhaltig, denn viele der in Frage kommenden Aussprüche Jesu aus dem Neuen Testament stammen direkt aus dem Alten Testament. Wenn die NT-Aussprüche erfunden wurden, dann müssen die AT-Aussprüche ebenso erfunden worden sein. Viele Aussprüche über Wunder, Leiden, Tod und Auferstehung Jesu fallen in diese Kategorie. Wenn die Kritiker recht hätten, müßten wichtige Aussprüche der ganzen Bibel nach dem Tod Jesu von den Jüngern Jesu und den Christen erfunden worden sein. Die Christen hätten in diesem Fall Teile des jüdischen Gesetzes und der Psalmen nach Jesu Tod zum Teil erfunden!

Besonders in bezug auf die Zuverlässigkeit des Alten Testamentes, das Christus oft genug wörtlich anführte, wird behauptet, daß Jesu Worte die Anschauungen der damaligen Zeit wiedergegeben hätten.

Man muß folgendes bedenken: Weil Jesus Christus der geliebte Sohn des Vaters ist, an dem der Vater sein Wohlgefallen hat, sollen wir ihn hören und seine Worte nicht verwerfen - auch in bezug auf das, was er über die Zuverlässigkeit des Mose und der Propheten ausgesprochen hat. Also, Jesu Worte sind wichtig - sie sind Gottes Worte: "Habt ihr nicht gelesen, was euch von Gott gesagt ist?" (Matthäus 22,31).

Wie lauten seine Worte im Blick auf die Zuverlässigkeit des Alten Testamentes? "Sie haben Mose und die Propheten; auf diese sollen sie hören. Wenn sie auf Mose und die Propheten nicht hören, so würden sie sich auch nicht überzeugen lassen, wenn einer von den Toten auferstände" (Lukas 16,29.31). Der Sohn Gottes, der uns die Worte seines Vaters in voller Autorität brachte, sagte ausdrücklich, daß es denen, die Mose und die Propheten ablehnen, nicht möglich wäre zu glauben, selbst wenn jemand von den Toten aufstände. Nach den Worten Jesu Christi, der des Vaters Worte redet, waren sie einfach nicht mehr imstande, überzeugt zu werden, weil sie nicht auf Mose achteten. Mit anderen Worten, wer ein so klares, offenbar göttliches Zeugnis wie das des Mose und der Propheten von sich weist oder nicht achtet, ist einfach außerhalb des Bereiches der normalen Gedankengänge, die zu einer Überzeugung führen. Wenn sie Moses Zeugnis ablehnen, sind sie so überzeugungsunfähig, daß sie nicht mehr wissen, was Zeugnis ist. Es geht um Jesus und sein Zeugnis, um des Vaters Worte und nicht um menschliche Meinungen, die wir einfach ablehnen können, wenn es uns gefällt. "Wenn ihr aber seinen [Moses] Schriften nicht glaubet, wie werdet ihr meinen Worten glauben?" (Johannes 5,47). Wenn wir Mose ablehnen, verwerfen wir ihn, Jesus Christus, und sein Wort - das Wort, das uns am letzten Tag richten wird. Die Schrift, die Jesus Christus damals zur Verfügung stand, ist die gleiche, die uns heute noch im Alten Testament erhalten ist. Dieses Wort schließt den Schöpfungsbericht ein.

DIE AUTORITÄT DES WORTES

Der Herr Jesus Christus bestätigte die Autorität der Propheten und Moses. Die Tragweite dieser allgemeinen Autorität wird in Lukas 24,44 erweitert: "...daß alles erfüllt werden müsse, was im Gesetz Moses und in den Propheten und den Psalmen von mir geschrieben steht."

Nach Johannes 5,47 können wir dem Herrn Jesus Christus kein Vertrauen (Glauben) schenken, wenn wir Moses Schriften wohl kennen, aber ihnen nicht vertrauen. Also Vertrauen zu den Schriften ist mit dem Vertrauen zum Heiland Jesus Christus eng verbunden, hängt mit seiner Person zusammen.

Kein Wunder also, wenn Prediger des Wortes, die Mose, der Schöpfungsgeschichte und den Propheten nicht glauben oder nur teilweise glauben, oft nicht imstande sind, Glauben, also Vertrauen zu Gott und zu Christus in anderen Menschen zu erwecken, da sie selbst zu ihm und zu seinem Wort keines haben; das heißt, solche Prediger können Menschen kaum zur Wiedergeburt führen.

Hier liegt wohl die Erklärung der Tatsache, die ich so oft persönlich beobachtet habe, daß Menschen, die Mose und den Propheten gegenüber Vorbehalte hegen, keine erfolgreichen Evangelisten sind. Ist es also verwunderlich, daß für Evangelisation, von amtlicher theologischer Seite aus, so wenig getan wird, wenn so viele Verkündiger des Evangeliums unter dieses Urteil ihres Herrn und Heilandes fallen? Sie haben selbst wenig oder kein Vertrauen zu den historischen Schriften und zu den Worten Jesu - wenn sie sein Urteil über die historische Zuverlässigkeit Moses ablehnen -, und sie können deshalb auch anderen nicht zum Vertrauen verhelfen.

Bisher sprachen wir nur ganz allgemein über die Schriften. Vielleicht könnte man zum größten Teil das glauben, was geschrieben steht, jedoch mit bestimmten Ausnahmen wie zum Beispiel die Entstehungsgeschichte, Kain und Abel, Sintflut und so weiter. Gibt uns Jesus Christus auch über solche Fragen Aufschluß?

Es heißt in Matthäus 5,18: "Denn wahrlich, ich sage euch, bis daß Himmel und Erde vergangen sind, wird nicht ein Jota noch ein einziges Strichlein vom Gesetz vergehen, bis alles geschehen ist." Und Lukas 16,17: "Es ist aber leichter, daß Himmel und Erde vergehen, als daß ein einziges Strichlein des Gesetzes falle." Glauben wir diesen Worten Jesu? Sind sie auch für uns Gottes Worte?

Aber was bedeutet es, das Zeugnis Moses und der Propheten anzunehmen oder abzulehnen? Kann man das Zeugnis teilen, indem man sagt, daß es heilsgeschichtlich anzunehmen, historisch aber abzulehnen sei? Oder daß die heilsgeschichtliche Bedeutung so überwiegend groß sei, daß die historische Zuverlässigkeit kaum eine Rolle spiele?

Wenn man so denkt, hat man doch einen Teil des Zeugnisses schon abgelehnt, denn das Zeugnis beansprucht für sich, historisch zu sein. Das Zeugnis der Stammbäume des Alten und Neuen Testaments zum Beispiel kann nur einen Sinn haben, wenn die angeführten Menschen wirklich historische Personen gewesen sind. Warum sind die Lebensjahre angegeben, wenn die Stammbäume nicht geschichtlich gemeint sind? Wenn man also Adam und Eva oder Kain und Abel, die alle als historische Personen so viele Jahre auf dieser Erde lebten, alt wurden und starben und in den Stammbäumen vorkommen, ablehnt oder für ungeschichtlich erklärt, so hat man doch einen Teil des Zeugnisses Moses in bezug auf Stammbäume abgelehnt und fällt somit unter das Urteil Jesu. Denn den Sinn eines Stammbaumes, in Jahren abgefaßt, hat man verleugnet.

Jesus Christus legte das Zeugnis Moses und der Propheten nicht nur heilsgeschichtlich, sondern auch historisch aus, denn er sprach vom Brudermord und Blutvergießen des historischen Kain. Er sagte auch, daß in der Endzeit, kurz vor seinem zweiten Kommen, ähnliche Zustände auf dieser Erde vorkommen werden wie jene, die zur Zeit Noahs historisch herrschten. Wie kann man diese Aussage (Matthäus 24,37) anders als direkt historisch auffassen?

Jesus Christus kannte wie kein anderer die Schrift und legte sie auch aus. Das erkennen wir zum Beispiel an seinen Erklärungen auf dem Wege nach Emmaus.

Kennen wir modernen Menschen die Schrift, und legen wir sie besser aus als Jesus Christus? Er nahm alles ohne Bedenken an, wie es dastand. Wissen wir heute so viel mehr, als er gewußt hat, daß wir in unserer Überlegenheit ihm gegenüber es nicht mehr so wörtlich wie er annehmen können? Wenn wir doch Fehler bei ihm finden, dann sind wir ihm in bezug auf diese Fehler überlegen. Es ist bedenklich, dem Menschen Jesus Christus überlegen sein zu wollen!

Das Schwierige in Diskussionen dieser Art rührt daher, daß wir den Begriff "absolute Wahrheit" über Bord geworfen und ihn durch den marxistischen Begriff der "dialektischen Wahrheit" ersetzt haben. Da wird Jesus nicht mehr Wahrheit und Leben, sondern relative Wahrheit und relatives Leben. Mit dieser Waffe kann man Gottes Wort biegen, wie man will, bis es zu unseren Anschauungen paßt; aber dadurch lernt man das nicht, was uns Gott sagen will. Das Wort Gottes ist einfach nicht dazu da, ihm mit solchen Methoden Gewalt anzutun, sondern es ist für Menschen geschrieben worden, die es von ganzem Herzen lieben und ihm auch intellektuell gehorchen wollen (Psalm 119).

Nach den Meinungen der jüdischen Gelehrten galt die Entstehungsgeschichte von 1. Mose 1-3 als ein Werk Moses. Als Jesus Geschichten aus dem Buch Mose zitierte, leugnete er nicht, daß sie von Mose persönlich stammten. Aber wir haben ein viel direkteres Zeugnis für die historische Zuverlässigkeit der Entstehungsgeschichte in 1. Korinther 15,45, wo wir lesen, daß der erste Mensch Adam war und daß Jesus Christus der letzte Adam ist. Die beiden "Adam" werden miteinander verglichen als Personen, Menschen, die vergleichbar sind. Wenn Christus eine geschichtliche Person war, dann war zwangsläufig auch Adam eine geschichtliche Person.

EIN PRAKTISCHES BEISPIEL

Eines Tages reiste ich von Bern nach Lausanne, um an einer Studententagung teilzunehmen. Mit mir reisten andere Studenten, darunter einige Studenten der Theologie. Wir kamen auf die Zuverlässigkeit der Bibel zu sprechen, und sie gaben mir zu verstehen, daß kein Theologe der ganzen Bibel vom Anfang bis zum Ende Glauben schenken könne. Ich sagte, wenn man eine solche Behauptung aufstellen wolle, dürfe man nicht allgemein reden, sondern spezifisch. Sie sollten mir bestimmte Stellen nennen, deren Unzuverlässigkeit offensichtlich sei.

Da sagte einer, es sei unmöglich, die Geschichte von Adam und Eva, die als individuelle, historisch-geschichtliche Menschen geschildert werden, zu glauben. Es bringe viel größere Schwierigkeiten mit sich, diese Geschichte zu glauben, als sie einfach als unhistorisch abzulehnen. Man könne höchstens im übertragenen Sinne, mystisch oder mythisch, glauben. Adam sei nicht ein einzelner Mann, sondern eine Rasse, ein Kollektivname gewesen.

Da fragte ich, ob das gleiche für den Namen Eva der Fall gewesen sei. Ob sie wirklich eine Frau oder eine Rasse gewesen sei.

Nach Rücksprache mit seinen Kollegen sagte er, es

sei möglich, daß Eva wirklich eine einzelne Frau gewesen sei. Der Name sei nicht wie Adam kollektiv.

Da konnte ich nicht umhin zu bemerken, wir hätten hier wohl den ersten Fall in der Geschichte der Menschheit, wo eine Frau einen kollektiven Mann, eine ganze Rasse, geheiratet hätte. [2.)]

Wenn Jesus Christus ein Mensch gewesen ist, dann war der erste Adam auch ein Mensch und keine Rasse oder ein Kollektivname. Und umgekehrt, wenn der erste Adam eine Rasse war, so war auch Jesus Christus eine Rasse (lt. 1. Korinther 15,45) und keine Person, wenn Worte überhaupt einen Sinn haben.

Jesus Christus spricht von Abel als von einer historischen Person (Matthäus 23,35; Lukas 11,51) und bestätigt damit indirekt, daß Adam, Abels Vater, auch eine historische Person war. Er spricht von Noah und von der Sintflut (Matthäus 24,37-39; Lukas 17,26-27) und bestätigt damit ihre Geschichtlichkeit. Er spricht von Daniel und von seinen Prophezeiungen (Matthäus 24,15; Markus 13,14), und man könnte noch manches andere anführen. Die Stammbäume der Patriarchen geben sogar das Alter, die Lebensjahre von Adam, von Seth, von Enos, von Kenan und so weiter an. Sie alle zeugten Söhne und Töchter. Wir schließen daraus, daß sie Personen und nicht Rassen waren.

Redet Christus für uns nun wirklich die Worte des Vaters? Sind dies für uns persönlich Gottes Worte, zu unserem Heil geschrieben? Oder verwerfen wir ihn und seine Worte (Johannes 12,48)?

Die Zuverlässigkeit der Bibel ist eine Frage der Zuverlässigkeit Jesu Christi. Alles, was wir über ihn wissen, entstammt dieser Quelle, der Bibel. Wir wollen nicht wie die vielen sein, die Gottes Wort verfälschen (2. Korinther 2,17).

Die Meinung von Paulus und von Petrus über die Zuverlässigkeit des Alten Testamentes geht klar aus 2. Petrus 1,21 hervor: "Denn niemals wurde durch menschlichen Willen eine Weissagung hervorgebracht, sondern vom Heiligen Geist getrieben redeten heilige Menschen, von Gott (gesandt)." Und 2. Timotheus 3,16: "Jede Schrift ist von Gottes Geist eingegeben und nützlich zur Belehrung, zur Überführung, zur Zurechtweisung, zur Erziehung in der Gerechtigkeit, damit der Mensch Gottes vollkommen sei, zu jedem guten Werke ausgerüstet."

In Apostelgeschichte 24,14 sagt Paulus: "...daß ich an alles glaube, was im Gesetz und in den Propheten geschrieben steht." Und Apostelgeschichte 26,22: "...und lehre nichts anderes, als die Propheten und Mose gesagt haben, daß es geschehen werde."

Wenn wir übrigens wissenschaftliche Arbeiten über die Geschichtlichkeit der Sintflut, der Arche Noahs und so weiter sehen wollen, brauchen wir nur das Werk von Professor John Whitcomb und Professor Henry Morris[3.)] zu lesen, um bloß ein Werk zu zitieren. Die "Transactions of the Victoria Institute", London, und "The Creation Research Society", San Diego, California bringen oft ähnliche interessante Ausführungen über verwandte Fragen.

UNSERE EINSTELLUNG ZUM WORT

Das göttliche Wort sezieren oder sich darüberstellen zu wollen - "Sie wollen der Schrift Meister sein" (1.Timotheus 1,7; Luther) -, statt sich darunter zu beugen und es in Demut anzunehmen, auch wenn wir nicht imstande sind, alles zu verstehen, bringt nicht nur viele Schwierigkeiten und seelische Verwirrungen sowie Dürre mit sich, sondern es macht Jesus Christus und das Wort, das er uns vom Vater gebracht hat, zum Lügner.

Denn es ist wahr, was der Herr Jesus sagt: "Die Worte, die ich zu euch geredet habe, sind Geist und sind Leben" (Johannes 6,63); das habe ich so oft erfahren dürfen. Jesu Worte sind also nicht nur Worte des Vaters, sie sind Geist und Leben. Wenn wir sie für unzuverlässig erachten - in bezug auf das Alte Testament zum Beispiel -, dann ist es kein Wunder, wenn wir keine herrliche Ermächtigung des Geistes und des Lebens erfahren (denn seine Worte sind Geist und Leben), wie sie nur seine Kinder erleben, die sein Wort von Herzen lieben und als Gehorsamsbasis für ihr praktisches Leben akzeptieren. Seine Worte in Frage zu stellen und abzuschwächen, indem man sagt, sie seien die Meinung der damaligen Zeit, ist einfach eine Beleidigung des Vaters und des Geistes sowie auch des Sohnes.

24

Warum ist das Wort der Schrift aber "Geist und Leben"? Warum muß man das ganze geschriebene Wort im Herzen haben, wenn man vom Geist ermächtigt sein will? Weil das Wort uns den Logos, die Gesinnung des Logos, die Denkweise des Herrn des Universums, Jesus Christus, vermittelt. Das Wort zeigt genau, wie er denkt. Wenn wir seine Denkweise vom Wort her kennen und sie für uns als Basis unserer eigenen Denkweise bewußt annehmen, dann denken wir wie Gott. Wir denken seinem Willen gemäß. Wenn wir nur innerhalb seiner Denkweise oder seines Willens beten und denken, dann wird es Gebetserhörungen für uns geben. So erschließen wir die Kraftquelle des Himmels - wenn wir biblisch denken und handeln. So gibt es Gottes Siegesleben in uns.

Dies ist die Bedeutung des Wortes von Johannes 15,7: "Wenn ihr in mir bleibet und meine Worte in euch bleiben, möget ihr bitten, was ihr wollt, so wird es euch widerfahren." Vollmacht im Gebet ist also von einem intakten Wort im Herzen abhängig. "Dadurch wird mein Vater verherrlicht" (Johannes 15,8). So werden wir seine Jünger - und nur so.

Das ganze Wort, Altes und Neues Testament, ist das Wort Christi, denn alles zeugt von ihm - "Ihr erforschet die Schriften . . .und sie sind es, die von mir zeugen" (Johannes 5,39) -, und man muß es nehmen, wie es ist: als Ganzheit. Das Wort Christi, das reichlich unter uns wohnen soll, schließt auch die Psalmen in sich. Denn wenn dieses Wort Christi wirklich in uns wohnt, werden wir uns gegenseitig mit Psalmen erquicken, also mit einem Teil des Wortes Gottes (Kolosser 3,16). Ist das wahr oder nicht?

Die Heilige Schrift kann uns vollkommen machen, uns zurechtweisen, nicht wir sie, wenn wir es ihr erlauben.

Wenn wir davon überzeugt sind, daß es ihr eigentlicher Zweck ist, uns zu vollkommenen guten Werken zu führen, uns zu vollenden, erst dann werden wir sie lieben lernen wie die Psalmisten: "Ich werde meine Hände aufheben zu deinen Geboten, die ich liebe...wie liebe ich dein Gesetz...darum liebe ich deine Gebote mehr als Gold und gediegenes Gold . . . wohl geläutert ist dein Wort, und dein Knecht hat es lieb" (Psalm 119).

Recht herzliche Liebe zu Gottes Wort ist der Schlüssel zu einem frohen, fruchtbaren, siegreichen Leben in Christus, und diesen Schlüssel verwechseln und verlegen wir oft. Das Wort ist das Wort Christi, das von ihm zeugt. Deshalb haben wir es lieb. Wenn wir aber das Wort des Vaters durch Christus, das Wort, das Geist und Leben ist, nicht annehmen wollen - oder können -, laßt uns doch ehrlich werden und uns nicht nach Jesu Namen nennen.

Wie am Anfang der neutestamentlichen Gemeinde, so muß jetzt am Ende die Autorität des Wortes Jesu wieder gelten, dann wird auch die gleiche Vollmacht des Wortes (das heißt des Geistes) wiederum walten - jetzt wie im Anfang.

Um ein vom Geist bevollmächtigtes Leben zu führen, müssen wir in der Liebe und in dem Gehorsam zum Wort leben. Haben wir intellektuelle Schwierigkeiten oder naturwissenschaftliche Bedenken bezüglich der Bibel, müssen wir dieselben lösen - oder zu lösen versuchen. Viele führende

Naturwissenschaftler und Philosophen der Vergangenheit und der Gegenwart haben sich zur ganzen Bibel bekannt - so daß sie deshalb ein siegreiches, vom Geist ermächtigtes Leben führen konnten. Heute braucht Christus solche Männer und Frauen, die in den Schrecken der Endzeit bestehen können.

Im Literaturverzeichnis findet man eine Liste von naturwissenschaftlichen Arbeiten, die für alle als Hilfe gedacht sind, die intellektuelle oder philosophische Bedenken gegen die Bibel als Gottes fehlerloses Wort hegen.

Wenn man diese Bedenken redlich überwinden kann, geht das Tor zu einem vom Geiste (Wort) ermächtigten Leben auf. Sonst können uns intellektuelle Schwierigkeiten ein Siegesleben kosten.

Zweiter Teil - das historische und prophetische Zeugnis

DAS SELBSTZEUGNIS, DAS OBJEKTIVE UND DAS SUBJEKTIVE ZEUGNIS DER BIBEL

Theologen und andere werden gegen die vorhergehenden Ausführungen einwenden, daß sie nur das Selbstzeugnis der Bibel behandeln. Was die Heilige Schrift über sich selbst aussagt, ist für denkende Menschen nicht maßgeblich. Selbstzeugnis stellt nach ihrer Meinung keine rechtskräftige Aussage über die Zuverlässigkeit der Bibel dar. Man müßte, meint man, ein unabhängiges Zeugnis außerhalb des Selbstzeugnisses der Bibel anführen, wenn man überzeugen will. Evidenz gerade dieser Art - Zeugnis über die Zuverlässigkeit der Bibel, das seine Quelle außerhalb der Bibel hat - gibt es natürlich in Hülle und Fülle.

Historische Evidenz

Es bestehen Daten für die Zuverlässigkeit der Bibel, die als Selbstzeugnis nicht abgetan werden können, weil sie ihre Quelle in der Umwelt und nicht in der Bibel haben. So zum Beispiel die historischen Daten, die in der Bibel und in der Archäologie zu finden sind. Wir erwähnen Evidenz dieser Art.

Als der Autor jung war, behaupteten die meisten Archäologen und Bibelkritiker, daß die Hetiter eine Nation seien, die nirgendwo außerhalb des Alten Testamentes vorkomme. Geschichtsbücher und Archäologie wüßten von einer solchen Rasse überhaupt nichts. Aus diesem Grund bezweifelte man, daß die Hetiter je existierten.

Andererseits spricht die Bibel von den Hetitern mit einer verblüffenden Selbstverständlichkeit. David und Salomo stellten sie als Offiziere in ihren Armeen ein; sie waren also wahrscheinlich eine militärische Rasse, um nach dem Alten Testament zu urteilen. Urija, der Mann der Bathseba, den David töten ließ, nachdem er sich geweigert hatte, Davids Ehebruch mit Bathseba zu vertuschen, war ein Hetiter.

Vor etwa hundert Jahren war diese Art biblisch-historischer Kritik Mode und unterminierte die historischen Aussagen des Alten Testamentes. Dann kam aber eine große Wende in der Archäologie. Man entdeckte nordöstlich von Ankara (Türkei) Hatusas, die riesengroße Hauptstadt der Hetiter. Diese Großstadt mit ihren Großbauten, Palästen, Bibliotheken und Anlagen verblüffte durch ihre Konzepte die moderne Welt. Die Verteidigungsmauern der Stadt sind heute noch 50 Meter dick und zehn bis zwanzig Meter hoch. Die unterirdischen Gänge durch die Mauern existieren immer noch und sind passierbar - meine Frau, meine Kinder und ich sind selbst hindurchspaziert. Das große Löwentor und das Heldentor - bewacht von je einem Steinlöwen und von der Statue eines Soldaten - stehen noch. Sie sind drei bis vier Meter hoch. Die Löcher in den massiven Steinpfosten, in denen man die Scharniere für die dicken Holztüren befestigte, sind noch deutlich zu sehen.

In der großen Bibliothek fand man Teile eines Wörterbuches in sechs Sprachen, das uns den Schlüssel zu verschiedenen heute ausgestorbenen nahöstlichen Sprachen gab. Das Wörterbuch dient als Evidenz für einen regen kommerziellen Verkehr zwischen den Nationen verschiedenartiger Sprachen im Nahen Orient zur Zeit der Hetiter.

Heute glaubt kein archäologisch Informierter an die Nichtexistenz der Hetiter. Die Archäologie hat die Zuverlässigkeit der historischen Angaben der Bibel über die Hetiter voll und ganz bestätigt. Historisch und archäologisch hat sich das Alte Testament wiederholt als zuverlässig bewährt. Die Hetiter waren die Militärrasse des Nahen Orients und haben nicht nur die Armeen Davids und Salomos ausgebildet.

Die alttestamentlichen Berichte über die Geschichte Ägyptens, Syriens und Griechenlands haben die Zuverlässigkeit des Alten Testaments ebenso bestätigt. Die Geschichten von Ur in Chaldäa, vom Toten Meer, von Jericho werden in der Bibel ebenso erläutert und bestätigt. Die US-Tiefbohrprojekte am Meeresgrund ("Mohole") haben in letzter Zeit ebenso die Tatsächlichkeit einer universellen Flut bestätigt.[4] Man vertritt heute sogar die Meinung, daß diese universelle Flut vor einigen tausend Jahren stattfand.

Früher kritisierte man die Stammbäume der Patriarchen als nichthistorische Mythen. Man war nicht bereit, das hohe Lebensalter dieser Frühmenschen zu akzeptieren. Nach dem AT soll Adam 930 Jahre, Seth 912 Jahre und Methusala 969 Jahre gelebt haben. Man meinte dazu noch, daß der Name Adam ein Kollektivname sei - wie im heutigen Türkisch, wo "Adam" "Mensch" bedeutet. Das Problem des hohen Alters Adams und der anderen Patriarchen wurde mit Hilfe dieses Kollektivnamens umgangen, obwohl natürlich die Bedeutung eines Stammbaums durch diese Umdeutung total vernichtet wurde.

Heute aber findet man weniger Schwierigkeiten bei den hohen Altersangaben der Patriarchen in den Stammbäumen, denn man weiß jetzt, daß die einzelne biologische Zelle das Altern durch Zellteilung umgehen kann. So kann eine einzelne Zelle das Altern durch Zellteilung und Replikation vermeiden, obwohl ein Organismus, der aus vielen einzelnen Zellen besteht, diesen Trick nicht praktizieren kann (gewisse Pflanzen und niedere Tiere ausgenommen). Differenzierung, Radioaktivität, genetische Programmierung und so weiter bestimmen die Geschwindigkeit des Alterns. Wenn man diese Faktoren besser versteht, wird die Möglichkeit bestehen, daß der Mensch - und auch andere Vielzeller - viel länger leben könnte, als es heute der Fall ist. Wie ich in anderen Büchern[5] gezeigt habe, sieht die heutige Naturwissenschaft weniger Grund, sich an den hohen Altersangaben der biblischen Patriarchen zu stoßen.

Vom intellektuellen Standpunkt aus ist heute weniger Grund, die historische anthropologische Genauigkeit der Bibel in Frage zu stellen. Die moderne Forschung hat schon viele Gründe der Kritik an den Angaben des Alten Testamentes beseitigt.

Andere Probleme - Adams Rippe

Es liegen natürlich andere Probleme zum Thema "biblische Zuverlässigkeit" vor. Was soll man zum Beispiel zum biblischen Bericht über die Entstehung Evas konkret sagen ? Da kann uns die theistische Evolution nicht viel helfen. Denn nach dieser Anschauung benutzte Gott in der Biogenese die Darwinsche Evolutionsmethode der Mutation und der darauffolgenden natürlichen Auslese, um die Schöpfung des Menschen und der Biologie zustandezubringen. Demnach müßte Eva wie alle anderen Menschen und Säugetiere durch sexuelle Zeugung und darauffolgende Geburt zur Welt gekommen sein.

Das Alte Testament berichtet dagegen, daß Eva asexuell vegetativ aus Adams Seite entsprang, was mit der Evolutionstheorie wirklich wenig Gemeinsamkeit aufweist. Seit wann entstand ein weibliches Säugetier rein vegetativ, asexuell aus einem männlichen Tier? Und zwar durch einen operativ-chirurgischen Eingriff eines Dritten?

Der alttestamentliche Bericht liest sich tatsächlich so, als ob er historisch und chirurgisch zu verstehen - als ob er eine historische Tatsache - sei. Denn zuerst war Adam allein da, ohne Weib, was offenbar auf lange Sicht nicht den idealen Zustand darstellte.

32

Dann ließ ihn Gott, als Vorbereitung auf den großen operativ-chirurgischen Eingriff in seine Seite, durch einen Tiefschlaf betäuben, anästhetisieren - genauso, wie jeder Chirurg das heute praktizieren würde. Während dieser Tiefnarkose entfernte Gott eine Rippe aus seiner Seite und baute daraus die Eva. Das sich ergebende Loch in Adams Seite wurde vorschriftsmäßig mit Fleisch zugemacht. Alles genau, wie man eine chirurgische Operation heute beschreiben und durchführen würde!

Vor zwanzig Jahren behaupteten die Bibelkritiker, man könne diesen Text über Evas Ursprung ausschließlich sinnbildlich und mythisch auslegen. Praktisch, chirurgisch-operativ, habe er wirklich nichts auszusagen. Man deutete den Text als Mythos um, und nachdem man das getan hatte, fing man an, alle ähnlichen Texte ähnlich umzudeuten. Auf diese Weise wurden viele andere Bibelstellen entkräftet und umgedeutet, was letzten Endes den ganzen Schöpfungsbericht in Mitleidenschaft zog.

Sicher haben diese und auch andere Stellen des AT eine versteckte, symbolische Bedeutung. Daß Eva aus Adams Seite und nicht aus seinem Kopf entstand, bedeutet, so meinen viele, daß sie seinem Herzen entspricht und weniger seinem Kopf - daß Adam Eva und Eva Adam liebte. Sicher kann man so vorgehen. Wichtig ist es aber, daß die symbolische Auslegung die historischen Berichte nicht vernichtet, denn so verliert man historische Teile des Wortes, die uns Wichtiges zu sagen haben.

Die meisten historischen Geschichten der Bibel besitzen eine zweite, das heißt eine mystische, allegorische Seite. Die Bibel betont diesen Aspekt sogar: "Das alles, was jenen widerfuhr, ist ein Vorbild und wurde zur Warnung geschrieben für uns, auf welche das Ende der Zeitalter gekommen ist" (1. Korinther 10,11). Nach diesem Text zu urteilen, besitzt alttestamentliche Geschichte nicht nur einen bloß historischen Aspekt, sie besitzt auch eine allegorische, moralische Seite, eine symbolische Bedeutung noch dazu, die besonders auf die Gefahren der Endzeit gemünzt ist. Alte Historie besitzt demnach einen modernen moralischen Inhalt.

Dies bedeutet in keiner Weise, daß die Historie unzuverlässig sein muß, weil ihr eine moralische Bedeutung zukommt. Beide Aspekte, die historischen und die sinnbildlichen, müssen berücksichtigt und ernstgenommen werden.

Wir nehmen also an, daß auch der Genesisbericht diese zwei Momente aufweist: die allegorische und die rein historische Seite, wonach Adam und Eva wirkliche Menschen waren: Adam lebte nach dem Bericht 930 Jahre (1. Mose 5,5) und war somit eine menschliche Person. Wenn Adam eine Person war, dann mußte seine Frau auch eine Person gewesen sein. Die beiden zeugten Söhne und Töchter wie andere menschliche Personen.

Adams Rippe, die das biologische Material für Evas Körper lieferte, war, nach dem Genesisbericht zu urteilen, eine historische Rippe aus Knochen, denn die Stelle wurde mit Fleisch zugemacht!

Die chirurgischen Bedingungen für die Operation dieser Art werden mit Tiefschlaf beschrieben, was für die Chirurgie vollkommen normal ist. Der ganze Bericht liest sich genau wie eine historische

Beschreibung eines chirurgischen Eingriffs unter normalen physiologischen Bedingungen.

Die Stelle, aus der Gott die Rippe herausoperierte, wurde mit Fleisch geschlossen, was auch normal für eine Operation dieser Art sein würde.

In der Vergangenheit wurde dieser Bericht fast ausschließlich allegorisch und bestimmt nicht historisch ausgelegt, weil man sich einfach nicht vorstellen konnte, daß der allmächtige Gott chirurgisch handeln würde - und auch, weil die Evolutionstheorie, mit der man die Bibel harmonisieren wollte, mit einer schöpferischen Operation nichts anzufangen wußte.

Denn nach diesem Bericht entstand Eva nicht sexuell durch Zeugung und Geburt - wie alle späteren Menschen außer Adam -, sondern rein vegetativ asexuell durch einen direkten, übernatürlichen operativen Eingriff, was den materialistischen Naturwissenschaftlern selbstverständlich undenkbar wäre. Deshalb legt man die Rippengeschichte rein allegorisch und nicht historisch aus.

Und dabei verliert man einen Teil des Vertrauens zu der historischen Zuverlässigkeit der Schrift. Denn als Text ist die Geschichte der Rippe durchaus so geschrieben, als wenn sie eine rein historische Begebenheit wäre.

Fortschritte in der biologischen Forschung der letzten zwanzig Jahre haben aber sehr deutlich gezeigt, wie gefährlich es sein kann, auf diese Weise die historische Zuverlässigkeit der Schrift vernichten zu wollen. Wissenschaftliche Entwicklungen auf dem Gebiet des "Cloning"[6.] haben nämlich gezeigt, daß die Schrift die tatsächliche Technik Gottes bei der Herstellung von Eva beschrieben haben kann.

Die Gründe für diese Aussage sind die folgenden: Genetische Forschung in den letzten Jahren zeigte, daß jede somatische Zelle aller biologischen Organismen einen vollen Chromosomensatz, der für den Organismus charakteristisch ist, besitzt. Alle Zellen des menschlichen Körpers weisen demnach den vollen Satz von 46 menschlichen Chromosomen auf. Diese sind imstande, theoretisch gesehen, einen ganzen menschlichen Körper neu aufzubauen. Die Ausnahme zu dieser Regel findet sich in den Keimzellen, die nur die Hälfte des Chromosomensatzes aufweisen, so daß solche Zellen keinen neuen Organismus aufbauen können, es sei denn, daß sie mit einer Keimzelle des anderen Geschlechtes zusammenkommen und dadurch den vollen Satz von 46 Chromosomen wieder aufbauen. Jede Keimzelle - bei Männern und bei Frauen - besitzt nämlich nur 23 Chromosomen, zwei vereinigt haben also 46. Die Chromosomen enthalten die Instruktionen, die Blaupause, die die chemischen Reaktionen lenken, um einen menschlichen Körper zu bauen. Rote Blutkörperchen besitzen einen degenerierten Satz von Chromosomen, so daß sie nicht imstande wären, einen ganzen Menschen oder sonstigen Organismus aufzubauen.

Die Frage stellt sich also, warum eine Rippenzelle, wenn sie normalerweise im Körper wächst, keinen vollständigen neuen Menschen baut. Warum sprossen nicht überall auf vegetative Art und Weise neue Menschen aus unseren somatischen Zellen, aus unserer Seite? Die Pflanzen können dieses Kunststück oft fertigbringen - wenn eine ganz neue Pflanze aus einem Sproß hervorgeht. Jede Zelle enthält einen vollständigen Chromosomensatz, so daß, theoretisch gesehen, jede Zelle - auch jede Tierzelle, jede Pflanzenzelle und jede menschliche Zelle - einen nagelneuen Zwillingsorganismus bauen könnte.

Normalerweise tun das die somatischen Zellen nicht, weil in ihnen gewisse Informationen auf ihren Chromosomen durch besondere Chemikalien so blockiert sind, daß die Ribosomen, die die Chromosomeninstruktionen in der Zelle ablesen, die Information nicht vollständig lesen können. Das einzige, was sie vom sonst vollkommenen Chromosomensatz lesen können, liefert gerade genug Information, um eine differenzierte somatische Zelle - eine Schleimhautzelle oder eine Leberzelle zum Beispiel - zu synthetisieren.

Wie bringt man nun eine Rippenzelle zum Beispiel dazu, einen ganzen Menschen zu bauen? Wie könnte man einen Zwillingsmenschen aus meinen Rippenzellen bauen?

Man entfernt bloß die blockierenden Chemikalien im Chromosomensatz, die das Ablesen der ganzen Chromosomeninformation unmöglich machen. Wenn diese Blockierung aufgehoben worden ist (gewisse andere Chemikalien im Eiweiß des Eies sind imstande, diese "Entblockade" vorzunehmen), wird meine Rippenzelle einen Zwillingsbruder von mir bauen - der einzige Unterschied zwischen ihm und mir wird unser Alter sein. So könnte man theoretisch aus einer meiner Rippenzellen Tausende von Zwillingsbrüdern von mir bauen - wie die Orgelpfeifen! Man könnte mich als Baby, als Kleinkind, als Schulkind, als jungen Mann, als reifen Mann bauen, je nach der Zeit, in der in meinen Rippenzellen die Blockade aufgehoben wurde und sie so zur Entwicklung kamen. So könnte man theoretisch Menschen unbeschränkt replizieren, und zwar auf rein vegetative Art und Weise, ohne geschlechtliche Reproduktion in Anspruch zu nehmen.

Dieses vegetative Reproduktionsverfahren nennt man "Cloning". Man hat die Methode und die Technik bei Salamandern mit Erfolg getestet und arbeitet jetzt mit Kaninchen. Die technischen Schwierigkeiten sind bei Säugetieren natürlich viel größer als bei Reptilien. Wenn aber das Verfahren einmal bei Kaninchen funktioniert, wird man auch beim Menschen Aussicht auf Erfolg haben.

Die Folgen einer vegetativen Replikation vom Menschen wären natürlich verheerend, denn solche vegetativ replizierten Menschen wären alle identisch - wie eineiige Zwillinge.

Wenn nun der biblische Bericht über die Entstehung von Eva aus Adams Seite stimmt - was ich persönlich glaube -, dann entstand Eva vegetativ aus Adams Seite durch ein Verfahren, das dem des "Cloning" ähnlich war. Das biblische Verfahren konnte aber mit dem des "Cloning" nicht ganz identisch sein, denn durch einfaches "Cloning" erhält man immer einen Organismus des gleichen Geschlechts, männlich oder weiblich, je nach dem Geschlecht der Ausgangszelle. Die Chromosomensätze sind nach "Cloning" identisch, so daß das

Geschlecht des vegetativen Tochterorganismus auch gleich sein muß.

Um Eva aus Adams Seite zu synthetisieren - also eine Frau aus den somatischen Zellen eines Mannes vegetativ herstellen zu können -, müßte man auch noch eine Veränderung in den XY-Chromosomen vornehmen, die das Geschlecht des Organismus bestimmen. Wenn in einem Organismus die Chromosomen XX vorkommen, dann ist der Organismus immer weiblich. Kommt aber die Chromosomenzusammenstellung XY vor, dann ist der Organismus immer männlich. Bei solchen männlichen Organismen werden die Keimzellen zweierlei Arten darstellen. Die Spermien werden zu fünfzig Prozent Y erhalten und zu fünfzig Prozent X. Alle Eier dagegen - bei den weiblichen Organismen - werden gleich sein; sie enthalten nur X. Wenn nun ein X-Spermium mit einem X-Ei fusioniert, dann entsteht immer ein weiblicher Organismus. Aus diesem Grund entstehen normalerweise 50 Prozent männliche und 50 Prozent weibliche Organismen bei der sexuellen Reproduktion.

Das Problem ist also: Wie könnte mit Hilfe von vegetativer Reproduktion - "Cloning" - ein weibliches Wesen - Eva - aus Adams männlichen Rippenzellen entstehen, und zwar ohne eine nagelneue Schöpfung (Eva) herstellen zu müssen?

Die Antwort liegt auf der Hand. Adam enthielt in all seinen somatischen Zellen die Chromosomen XY. Wenn man nun in einer Rippenzelle - oder sonstiger somatischer Zelle aus Adams Körper - das Y vernichtet, ausradiert, und zur gleichen Zeit das vorhandene X verdoppelt, was normalerweise geschieht, dann würde eine Rippenzelle entstehen, die neben all den anderen menschlichen Chromosomen XX statt XY enthält. Diese XX-Zelle würde beim Züchten keinen Mann liefern, sondern eine Frau, die aber sonst genauso perfekt - oder auch "unvollkommen" - ist wie Adam selbst. So entstand vegetativ aus dem vollkommenen Adam die ebenso vollkommene Frau Eva, und zwar ohne daß eine neue Schöpfung der menschlichen Rasse oder Spezies vorgenommen werden mußte.

Die moderne biologische Forschung hat "Cloning" entdeckt, was neues Licht auf den Genesis-Bericht und Adams Rippe wirft. Man darf jetzt über den Bericht von Adams Rippe nicht mehr lächeln, denn er stellt eine technisch vollkommene Methode dar, aus einem vollkommenen Mann durch eine asexuelle Methode eine ebenso vollkommene Frau herzustellen, und zwar ohne daß eine Neuschöpfung für jedes Geschlecht - Mann und Frau - nötig wäre. Für weitere Details siehe mein Buch "Grundlage zu einer neuen Biologie"[7.].

Die schwierigen Stellen der Heiligen Schrift werfen durch die Ergebnisse der modernen Forschung oft ein ganz neues Licht auf die historische Zuverlässigkeit der Bibel.

Die sechs 24-stündigen Schöpfungstage - Theistische Evolution

Aber wie verhält es sich, historisch gesehen, mit den sechs 24-stündigen Schöpfungstagen, wovon die Bibel berichtet? Man kann nicht so naiv sein, so meint man, und glauben, daß der Schöpfer die Welt, das Universum, das "offenbar" Millionen, ja Billionen von Jahren zu seiner Entstehung brauchte, um aus Gas zu kondensieren, in einigen Schöpfungstagen von je 24 Stunden synthetisierte. Wenn man heute an der Theorie der 24-Stunden-Tage festhält, wird man für schizophren oder völlig ignorant gehalten.

Es sieht aber so aus, wenn man den Schöpfungsbericht unbefangen liest, als ob die Schrift diese Meinung - und keine andere - vertritt. Dagegen sträubt sich natürlich die ganze Naturwissenschaft. Und deshalb vertreten viele sonst bibelgläubige Naturwissenschaftler die Ansicht, daß die sechs Tage eigentlich sechs Zeitalter von je Millionen von Jahren darstellen.

Die theistischen Evolutionisten vertreten diese Ansicht sehr stark, denn sie behaupten, daß der Kosmos und die ganze Biologie lange Zeitperioden benötigten, um fertiggestellt zu werden. Die Biologie entwickelte sich demnach langsam, denn der Stammbaum bei Pflanzen und bei Tieren entwickelte sich durch Zufall und natürliche Auslese aus niedrigeren Formen sehr langsam. Deshalb bedeuten die sechs Tage sechs Zeitalter - oder auch sechs Tage der Wiederherstellung einer durch Katastrophen zerstörten Erde. Das ist die allgemein vertretene Ansicht der meisten Menschen, die über diese Dinge überhaupt nachdenken.

Man muß sich aber klar vor Augen halten, daß diese Sechs-Zeitalter-Lösung die historische Zuverlässigkeit der Bibel beeinträchtigt. Denn die sechs 24-stündigen Schöpfungstage sind nach der

Bibel derart wichtig, daß Gott sie sogar in den Zehn Geboten - also in der Hauptlehre des Gesetzes - verankerte: "Denn in sechs Tagen hat der Herr Himmel und Erde gemacht, und das Meer und alles, was darinnen ist, und ruhte am siebenten Tag; darum segnete der Herr den Sabbattag und heiligte ihn" (2. Mose 20,11). In den vorhergehenden Versen spricht Mose von den sechs Arbeitstagen, an denen der Israelit arbeiten durfte, so daß der ganze Sinn dieses Gebotes verloren geht, wenn der Herr nicht sechs Tage, sondern sechs Zeitalter arbeitete.

Daß gerade die sechs 24-stündigen Schöpfungstage in den Zehn Geboten verankert sind, macht die Situation für theistische Evolutionisten äußerst schwierig. Denn wenn Unsinn - sechs 24-stündige Schöpfungstage - in einer Hauptlehre der jüdischen Religion verankert ist, stempelt man das ganze Gesetz und die ganze jüdische Religion als unwahr ab - relativ und nicht absolut -, und sie beansprucht Absolutheit.

Man erzählt folgende Geschichte von einem englischen Internat: Ein neuer Schüler wurde am Anfang des Trimesters in ein Internat gebracht und dem Präfekt (Schulsprecher) für Unterweisung in den Regeln der Schule überwiesen. Zuerst nimmt der Präfekt den "New Boy" mit zum Studierzimmer des Schuldirektors, des "Headmasters". Als sie zum Arbeitszimmer des Direktors kommen, finden sie an der Tür in goldenen Buchstaben die zehn Regeln der Schule:

1. Herr Topman ist der einzige bevollmächtigte Direktor.
2. Kein Junge darf ein Bild des Direktors malen.

3. Kein Junge darf den Direktor mit einem Spitznamen anreden.
4. Kein Junge darf bei Mondlicht lesen, weil sonst der Mann im Mond daran Anstoß nimmt.
5. Jeder Junge soll einmal wöchentlich seinen Eltern schreiben. Und so weiter.

Der Neue: "Sie scheinen alle ziemlich vernünftig, bis auf das Gebot Nummer 4. Was meint er damit überhaupt? Sie wollen doch nicht behaupten, daß der Direktor an einen Mann im Mond glaubt? Das ist doch nur ein Märchen!"

Präfekt: "Hm - ja, vielleicht. Aber einige Jungen meinen, in dieser Regel müsse ein tiefer Sinn verborgen liegen. Jedenfalls ist es eine sehr alte Tradition unserer Schule, bei Mondschein nicht zu lesen."

Der Neue: "Das halte ich einfach für lächerlich! Ein Direktor, der mitten in seinen Schulregeln eine solche Behauptung aufstellt, kann nicht erwarten, daß auch nur eine einzige seiner Vorschriften befolgt wird!" (David C.C. Watson erzählt diese Geschichte in seinem Buch "Die große Gehirnwäsche"[8.].)

Wenn nun das vierte Gebot des Internats lächerlich war - und es war ja wirklich lächerlich -, wurden dadurch all die anderen Gebote auch lächerlich. Wenn es nun lächerlich ist zu glauben, daß die Zehn Gebote davon sprechen, daß Gott Himmel und Erde in sechs 24-Stunden-Tagen machte, dann werden all die anderen Gebote auch lächerlich erscheinen - auch die Gebote über das Ehren von Gott, über den Diebstahl, über den Ehebruch, über das Töten, über das falsche Zeugnis, über den freien

Sex (Unzucht) und das Beneiden des Nachbarn.

Gerade diese Entwicklung erleben wir in unserer heutigen Kultur. Nach 1859 (Erscheinungstermin von Darwins Buch "Origin of Species") lernten wir, daß das Gebot, das von den sechs 24-Stunden-Tagen spricht, lächerlich ist. Damit machten wir aber die anderen Gebote auch lächerlich - relativ, nicht absolut und nicht ernstzunehmen. So lernten wir, das Mordverbot zu mißachten. Unsere Kultur mordet jetzt ohne Bedenken Kinder im Mutterleib, obwohl solche Kinder Menschen in der Entwicklung - und dazu schuldlos - sind. So praktiziert unsere Kultur freien Sex trotz des Gebotes über Ehebruch und Unzucht. Und weil wir die Gebote über Unzucht und Ehebruch für lächerlich halten, werden viele Kinder gezeugt, die unerwünscht sind. Um die erste Sünde zuzudecken (freier Sex), versündigen wir uns gegen das Gebot, das Mord verbietet.

Dadurch ruinieren sich viele junge Männer und Mädchen, denn nach einer Abtreibung, einem Kindermord, leiden beide - besonders das Mädchen - unter Schuldgefühlen, so daß oft Neurosen das Resultat sind. Die guten Gebote Gottes lächerlich zu machen, bringt die Vernichtung unserer Wirtschaft und unserer Kultur mit sich, die beide auf diesen Geboten aufgebaut sind.

Wenn wir also die sechs 24-stündigen Schöpfungstage intellektuell nicht ernstnehmen können, müssen wir uns darüber im klaren sein, daß wir damit automatisch alle zehn Gebote entkräften, denn gerade die sechs 24-stündigen Schöpfungstage sind ein Teil der Zehn Gebote Gottes. So sind die materialistische Evolutionslehre und die theistische Evolutionslehre für den moralischen Zerfall unserer heutigen jüdisch-christlichen Kultur und Wirtschaft mitverantwortlich.

Die sechs 24-stündigen Schöpfungstage historisch gesehen

Aber wie verhält es sich nun, historisch und intellektuell gesehen, mit diesen sechs 24-stündigen Schöpfungstagen? Kann man an ihnen festhalten, wie sie in der Bibel beschrieben werden, ohne intellektuellen Selbstmord zu begehen?

Persönlich glaube ich, daß es genau umgekehrt ist, nämlich daß man diese sechs 24-stündigen Schöpfungstage nicht leugnen kann, ohne intellektuellen Selbstmord zu begehen! Kann man sie aber wirklich als Fakten der Historie buchstäblich so annehmen, wie sie geschrieben stehen?

Persönlich glaube ich, daß man intellektuell dazu gezwungen wird, sie so zu akzeptieren, denn eine vernünftigere Antwort auf die Fakten der Schöpfung gibt es meines Wissens nicht.

Wir argumentieren folgendermaßen: Die Schöpfung ist offenbar, wie Sir James Jeans, der große englische Physiker, sagte, ein in Materie realisierter Gedanke - sie hat ihren Ursprung in einem Gedanken oder in Gedanken, die sich dann in Materie, Stoff und Biologie realisierten. Die Gedanken hinter der Schöpfung sind offenbar teleonomisch, denn sie enthalten Projekte, Sinn und Zweck, die man in den Naturgesetzen der Materie nicht findet. Wo rühren nun diese Gedanken, diese Projekte, die in der Materie realisiert wurden, her?

Die Informationstheorie verbietet, daß sie dem spontanen Zufall zuzuschreiben sind - wie es aber viele Evolutionisten verlangen. Deshalb müssen sie ihren Ursprung in anderen Dimensionen gefunden haben als denen, in denen wir leben. Sie müssen transzendenten Ursprungs sein, wie selbst der Atheist Aldous Huxley zugab. Die Quelle dieser Gedanken muß also ein Logos sein, der unserer Dimension gegenüber transzendent ist, ein Logos, der voll von Ideen, Projekten und Teleonomie ist, sonst können wir den Ursprung der Teleonomie, die die Biologie auszeichnet, und des Atoms nicht erklären.

Wenn dies der Fall ist - selbst der Atheist Huxley gab zu, daß es irgendwo im Universum eine Quelle von Gedanken, einen "Think-Tank", geben müsse, sonst könnte man die teleonomischen Projekte der Biologie und des Universums nicht erklären -, dann entwickelt Gott seine Gedanken als Logos oder Geist in einer transzendenten Dimension, die unsere Dimension von Zeit und Raum transzendiert. Diese Transzendenz wird durch einen Ereignishorizont von unserer Dimension getrennt, die normalerweise nicht überschritten werden kann.[9)] Gott entwickelte nun als Logos in der ewigen Transzendenz seine Gedanken und Projekte der Schöpfung, ehe er sie in die Dimension der Zeit hineinversetzte, um sie dort in Materie zu realisieren. Das heißt, die Schöpfung in der materiellen Welt unseres Zeit-Raum-Kontinuums existierte in der ewigen Vorstellung Gottes, also in seiner ewigen

Gedankenmatrix, ehe sie in der sichtbaren, zeitbedingten, materiellen Welt sichtbar und zeitgebunden realisiert wurde. Zuerst existierte also der Kosmos, die Biologie und der Mensch in den unsichtbaren, ewigen Gedanken Gottes. Dort waren alle Pläne Gottes wie Blaupausen "auf Lager", ehe sie während der Schöpfungstage über den Ereignishorizont, der unsere Raum-Zeit-Dimension von den Dimensionen der Ewigkeit trennt, hinübergeschickt wurden.

Die Schöpfung kam also wie die Bauten oder die Maschinen eines Ingenieurs zustande. Zuerst konzipiert der Ingenieur seine Teleonomie, seine Pläne und seine Projekte in seiner Gedankenvorstellung, in seinem Kopf. Wenn dann die Gedanken dort reif geworden sind, realisiert er sie "eines Tages" in der Materie, und das Gebäude oder die Maschine erscheint vor unseren Augen. Unsichtbare Matrixgedanken des Ingenieurs werden in der sichtbaren Welt eines Tages realisiert. Seine Gedanken sind zuerst unsichtbarer Logos oder Projekte, erst später werden sie sichtbar, in Stoff gekleidet und realisiert.

Die Zeit, die der Ingenieur braucht, um die Gedanken zur Reife zu entwickeln, braucht gar kein Verhältnis zu der Zeit zu haben, die er für ihre Verwirklichung in der Materie und in der Zeitdimension benötigt.

Wenn nun Gott und seine Gedanken zeitlos, das heißt ewig sind, entwickelt er sie in der absoluten Zeitlosigkeit. Wir in der Zeit können also nie sagen - wenn wir konsequent sind -, wieviel Zeit Gott brauchte, um die Pläne und Projekte für diesen

Kosmos und für die Biologie zu entwickeln. Die Idee einer Entwicklung von Plänen in der Zeit muß dem ewigen Gott fremd sein. Denn für uns braucht das Denken eines Gedankens Zeit. Wir denken einen Gedanken nach dem anderen in einer zeitlich bedingten Reihenfolge. Gott, als der Zeitlose, kann eigentlich keine Reihenfolge- was Zeit impliziert - für seine gedanklichen Leistungen benötigen, denn eine Reihenfolge impliziert unseren Begriff von Zeit. Zeit ist eine Schöpfung Gottes, die aber der Schöpfer nicht benötigt, um seine in der Ewigkeit vollbrachten Schöpfungen zustandezubringen. Er entwickelt seine Gedanken für unsere Begriffe ohne Zeit, das heißt für unsere Begriffe augenblicklich, denn er ist der Ewigdenkende, der ewige Logos. Er entwickelt seine Gedanken außerhalb des Zeit-Raum-Kontinuums unserer zeitbedingten Schöpfung. So können weder er noch seine Gedanken alt werden - oder auch neu werden.

Die Projekte des Kosmos und der Biologie sind somit ewige, das heißt prinzipiell zeitlose Gedanken Gottes, die in seiner ewigen Gedankenmatrix von Ewigkeit her existieren. Wir können uns natürlich keine vernünftige Vorstellung von diesem Zustand machen, weil unsere Gedanken nur in einer Reihenfolge, ein Gedanke nach dem anderen, das heißt zeitbedingt, gedacht werden können. Wir Menschen existierten aber als ewige "Blaupausen" in seinen ewigen Gedanken, "lange" ehe wir in der Materie realisiert wurden.

Gerade dieser Gedanke ist die Hauptbotschaft von Psalm 139: "Deine Augen sahen mich, als ich noch unentwickelt war, und es waren alle Tage in dein Buch geschrieben, die noch werden sollten, als derselben noch keiner war" (Psalm 139,16). Der Kosmos, die Erde und alle Biologie waren Gott bekannt, lange ehe sie in der Materie existierten. Sie funktionierten sogar in Gottes Logosgedanken, ehe sie in der Materie existierten - genauso wie eine Maschine im Kopf des Erfinders funktioniert, ehe sie in Metall realisiert wird.

Die ganze Schöpfung wurde also in der ewigen Zeitlosigkeit in Gottes Gedanken fertig entworfen und geplant, ohne Verlauf von Zeit. Für diese Gedanken und schöpferische Arbeit beanspruchte der ewige Gott keine Zeit, denn Zeit und Raum sind seine Erfindung, die erst mit der Schöpfung ins Dasein gerufen wurden, und haben mit seiner eigenen göttlichen, ewigen Substanz nichts zu tun. Gott ist nicht seine zeitgebundene Schöpfung, obwohl seine zeitliche Schöpfung von seinem ewigen Wesen Zeugnis ablegt.

"Deus mundum non in tempore sed con tempore finxit" - Gott erschuf die Welt nicht in Zeit, sondern mit Zeit. Der ewige Gott ging also "schwanger" mit seinen ewigen Plänen, Projekten und Gedanken. Er war "voll" von der Schöpfung, von Menschen und von der Biologie, lange ehe sie in der Materie und in der Zeit realisiert wurden.

Diese Realisierung seiner ewigen Gedanken in Materie und Zeit ging folgendermaßen vor sich: Von der Ewigkeit oder Transzendenz seiner Gedanken her, von seinen ewigen Dimensionen her, projizierte er über den Ereignishorizont zwischen Zeit und Ewigkeit diese schon "fertigen" ewigen Pläne in die tiefere Dimension der Zeit und des

Raumes, so daß sich die Materie in der Zeit nach den Blaupausen seiner ewigen Pläne ordnete. Mit anderen Worten, die Ewigkeit brach zu einem bestimmten Zeitpunkt in die Zeit herein.

Dieser erste Einbruch der Ewigkeit in die Dimension der Zeit geschah am ersten Schöpfungstag, als Gott sagte: "Es werde!" Und es ward. Die schon fertigen ewigen Gedanken realisierten sich in Materie, Raum und Zeit. Das heißt, die fertigen Werke der Ewigkeit brachen am ersten Schöpfungstag in die Zeit herein, und zwar über den Ereignishorizont hinweg, der die Dimension der Zeit von der der Ewigkeit trennt.

Man kann es sich so vorstellen wie das Hereinbrechen der Sonnenstrahlen durch ein Fenster. Licht von einer anderen Welt - der Welt der Sonne - bricht durch ein Fenster in unser Zimmer hier auf der Erde herein. Wenn die Lichtstrahlen bei uns eintreffen und unsere Pflanzen zum Funktionieren bringen, heißt das nicht, daß die Sonnenstrahlen ihre Tätigkeit dem Hier und Jetzt in unserem Zimmer verdanken. Die Quelle ihres Wirkens hier auf der Erde liegt weit draußen in der Dimension der Sonne.

Wenn am ersten Schöpfungstag Ewigkeit in die Zeit hereinbrach, herrschten in der Zeit Ewigkeitswerke, die, schöpferisch gesehen, der Zeit nichts schuldeten. Nur das Ordnen dieser schon ewig fertigen Gedanken in der Zeit und in der Materie brauchte die paar Stunden des ersten Tages. Gott entwickelte seine Gedanken nicht am ersten Tag in der Zeit, vielmehr realisierte er die von der Ewigkeit her schon bestehenden fertigen

Gedanken am ersten Tag in der Zeit. Was Gott in seinen ewigen Gedanken "schon längst" ausgearbeitet hatte, wird jetzt "augenblicklich" in der Zeit realisiert. Der erste Schöpfungstag stellt nur "das Fenster" eines Ereignishorizontes dar, durch das Gott seine ewigen Gedanken in die Zeit hineinsandte. Da wäre es also unsinnig, behaupten zu wollen, daß Gott so und so viel Zeit benötigt habe, um den Menschen oder den Kosmos zu entwickeln oder zu "evolvieren". Wie könnte der ewige Gott Zeit - die ja eine Schöpfung von ihm selbst ist - benötigen, um sein Werk zu vollbringen? Er ist der Ewige, der Zeitlose, und Zeit ist seine eigene Erfindung, auf die er nicht angewiesen ist, um etwa aus einem Affen oder Tier einen Menschen zu entwikkeln. Affe und Mensch stellen seine vollbrachten Gedanken dar.

Am sechsten Tag erschien der Mensch als Produkt der Ewigkeit - deshalb stand er fix und fertig da, genau wie die ganze Schöpfung in totaler Vollendung aus der Ewigkeit erschien. Weder der Mensch noch die Materie noch die Biologie brauchten Zeit, um sich zu entwickeln, denn sie sind Produkte eines ewigen Gottes, der die Zeit als sein Produkt entwickelte und erfand - in der Schöpfung.

Damit haben wir gar nicht geleugnet, daß eine Entwicklung in der Zeit anfing, als erst einmal die fertige, vollkommene Schöpfung Mensch und Biologie als Ewigkeitsprodukte erschienen waren. Aber diese Entwicklung in der Zeit bewegte sich nach dem zweiten thermodynamischen Hauptsatz nach unten und nicht nach oben. So entstanden Berge, Witterungserscheinungen, Fossilien, Mutationen in

der Biologie und andere Degenerationserschein-
ungen aller Arten. Zuerst aber erschien eine vollkommene, fertig entwickelte Schöpfung, die dann
erst in der Zeit anfing, ein Degenerationsverfahren
zu durchlaufen. Diese Vorstellung ist naturwissen-
schaftlich vollkommen untermauert, denn sie entspricht naturwissenschaftlichen Entropievor-
stellungen, was man von der Darwinschen
Evolutionslehre nicht behaupten kann.

Wir vergessen leider zu oft, daß oft auch unsere
eigenen Schöpfungen so zustandekommen. Es gibt
eine "Gestationsperiode" in der Matrix unserer
eigenen Gedanken, die "ewig" lange dauern kann.
Wir brüten und brüten über ungelösten Proble-
men. Dann, ganz plötzlich, kommt ein "Geistes-
blitz", und wir gehen an die Arbeit der Realisierung
unserer Gedanken in der Materie. Die Zeit, in der
eine Idee in den Gedanken herumspukt, braucht
kein Verhältnis zu der Zeit zu haben, die wir für die
Realisierung des Gedankens in Stoff und Metall
benötigen. Aus diesem Grund ist die Vorstellung
eines plötzlichen oder gar zeitlosen Eingriffs eines
gedanklich aktiven ewigen Gottes in die Welt von
Raum und Zeit, um Gedanken in Materie in relativ
kurzer Zeit zu realisieren, nicht schwer.

Intellektuell gesehen steht also der Vorstellung
der Erschaffung einer komplexen Schöpfung in der
Zeit, die nur sechs 24-Stunden-Tage brauchte, kein
Hindernis im Weg - vorausgesetzt, daß man an
einen ewigen, denkenden Logos-Gott glaubt. Denn
die sechs 24-Stunden-Tage sind bloß als Fenster an
dem Ereignishorizont zwischen dem Zeit-Raum-
Kontinuum und der Ewigkeit aufzufassen, durch

die der ewige Gott als Logos in unsere Dimension von Raum und Zeit hineingriff, um seine gedanklich schon fertige Schöpfung in Materie zu realisieren. So plazierte Gott seine ewigen Gedanken und Pläne praktisch augenblicklich in die Zeit.

Wenn man aus sogenannten intellektuellen Gründen Gedanken dieser Art nicht akzeptieren kann, bedeutet diese Unfähigkeit lediglich die Tatsache, daß man an einen transzendenten, ewigen, denkenden Logos-Gott, der in das Zeit-Raum-Kontinuum eingreifen kann, das er selbst erschuf, nicht glaubt. Mit anderen Worten, man glaubt nicht an einen ewigen, gedankenerfüllten Logos-Gott, der seine eigenen Gedanken in der Zeit realisieren kann.

Das Studium des genetischen Codes* kann viel dazu beitragen, diese Art Unglauben zu beheben.

* Schlüssel für die Übertragung genetischer Information von den Nukleinsäuren (DNS, RNS) auf die Proteine bei der Proteinsynthese.[10]

ÜBERZEUGTSEIN UND CHRISTLICHE VOLLMACHT

Andere Hilfsmittel zum intellektuellen Vertrauen in die Bibel - Das Weltbild der Bibel

Viele glauben, daß die Bibel ein veraltetes Weltbild vertritt, das man heute nicht mehr ernstnehmen kann, ohne die intellektuelle Redlichkeit zu beeinträchtigen. Ohne Galilei zu verleugnen, könne man angeblich das Weltbild der Bibel nicht ernstnehmen.

Eigentlich waren es die Päpste des Mittelalters, die diese Einstellung verbreiteten, denn sie glaubten, daß die Bibel ein Weltbild mit der Erde als Scheibe lehre. Deshalb lehnten sie Galilei ab, als er anfing zu vertreten, daß die Erde und die Planeten im leeren Raum mehr einer Kugel ähnlich seien.

Es war C.S. Lewis in Oxford, der den Irrtum im Blick auf diese allgemein akzeptierte Meinung aufzeigte. Lewis äußerte sich zu dem modernen Märchen, daß Galilei etwas Neues entdeckt und gelehrt habe, indem er schrieb: "Es wäre ein Irrtum zu erwidern, daß unsere Vorfahren unwissend waren und deshalb angenehme Illusionen über die Natur hegten, die der Fortschritt der Wissenschaft seitdem beseitigte. Schon seit Jahrhunderten, während Menschen an Gott glauben, war die beängstigende Größe und Leere des Universums bekannt. In einigen Büchern werden Sie lesen, daß die Menschen des Mittelalters die Erde für eine Scheibe und die Sterne für nahe hielten, aber das ist eine Lüge. Ptolemäus lehrte, daß die Erde ein mathematischer Punkt ohne Größe in der Relation zur Entfernung der Fixsterne sei - eine Entfernung, die ein populärer mittelalterlicher Text mit 117 Millionen Meilen veranschlagt. Schon in noch früheren Zeiten, sogar von Anfang an, müssen die Menschen das gleiche Gefühl feindlicher Unermeßlichkeit an einer noch offenkundigen Quelle gewonnen haben." [11.)]

Man muß in dieser Hinsicht bedenken, daß schon Hiob sagte: "Er hängt die Erde über dem Nichts auf." Nein, der Gott der Bibel vertritt kein falsches, überholtes Weltbild. Seine Propheten waren astronomisch sehr gut orientiert. Selbst Augustin tendiert zur Kugelgestalt des Mondes, der sein Licht von der Sonne erhalte. Nach ihm schwebt die Erde im leeren Raum, auch wenn er alle Möglichkeiten offen läßt.

Selbst wenn Augustin die Meinung vertritt, daß die Erde der Mittelpunkt des Alls ist, weiß man nicht genau, wie er das wirklich meint. Wenn er es rein geographisch meint, täuschte er sich natürlich. Wenn er aber meinte, daß die Erde das Zentrum des Geschehens im All ist, dann hat er ganz bestimmt recht. Denn das zentrale Ereignis des Weltalls geschah auf Erden. Dort wurde Gott von seinen Geschöpfen gekreuzigt. Dort geschah aber nicht nur Deizid, dort auf der Erde wurde das Heil für alle Menschen, die es wollen, durch dieses Deizid gewonnen. Also, von diesem Aspekt aus geschah das Hauptereignis aller Zeiten - die Kreuzigung - auf der Erde, was die Erde zum Zentrum der Geschehnisse des Alls macht. Augustins Meinung, daß es keine Antipoden gebe, verbindet er nicht mit der Heiligen Schrift.

Selbst Karl Heim verfällt in den Irrtum eines angeblich falschen Weltbildes in der Bibel. Denn Heim meinte, daß Gott aus Gnade so völlig die menschliche Knechtsgestalt annahm, daß Christus ein falsches Weltbild vertrat.

Spricht nicht der gesunde Menschenverstand gegen einen solchen Unsinn? Wie könnte der Herr Jesus, durch den die Welten und die Menschen gemacht wurden - "welcher das Ebenbild des unsichtbaren Gottes ist, der Erstgeborene aller Kreatur. Denn in ihm ist alles erschaffen worden, was im Himmel und was auf Erden ist, das Sichtbare und das Unsichtbare . . .alles ist durch ihn und für ihn geschaffen" (Kolosser 1,15-16) -, in seine eigene Schöpfung hinuntersteigen und so tun, als ob sie anders wäre, als sie ist? Wann hat der Herr Jesus auch nur einmal die Wahrheit kompromittiert - er, der sich selbst die Wahrheit und das Leben nennt? Der Herr Jesus ist der göttliche Techniker, der Schöpfergeist hinter seiner Welt. Wie sollte er ein falsches Weltbild vertreten, nur weil er Knechtsgestalt angenommen hatte? Eine solche Handlungsweise wäre eine Entstellung der Wahrheit durch den König der Wahrheit. Wo sind wir hier in dem Versuch, ein angeblich falsches biblisches

Weltbild schmackhaft zu machen, gelandet?

Karl Heim wendet auch die gleiche Exegese im Blick auf den Genesisbericht an. Denn er akzeptierte den Neodarwinismus als die naturwissenschaftliche Erklärung der Entstehung des Menschen und der Biologie. Er meint mit Professor Freiherr von Hüene, daß Gott die Tiere bis zu den höheren Primaten (Affenarten) durch Mutation, also Zufall, und natürliche Auslese züchtete. Also, das Tier, das mehr Nachkommen hinterläßt als andere, wird überleben und sich emporentwickeln. Naturgesetze und Zufall waren nach Heim die Quellen der biologischen Evolution. Dann, nach Heim und von Hüene, trennte Gott ein Affenpaar oder ein Tierpaar, das keine Menschen waren, von den verderblichen Einflüssen der Umwelt (vor dem Sündenfall Verderben?!), setzte das Paar in ein Paradies, blies ihnen den göttlichen Odem des Lebens ein, so daß sie erwählte Menschen wurden!

Prüfen wir ein wenig weiter diese "naturwissenschaftliche" Exegese des Genesisberichtes:

Erstens: Der Genesisbericht lehrt, daß Gott am Anfang nur den Mann, Adam, allein in den Garten Eden brachte (1. Mose 2,8). Dort entdeckte er seine Einsamkeit. Karl Heim lehrt mit vielen anderen theistischen Evolutionisten, daß Gott ein Paar in den Garten stellte - Gott nahm sie von außerhalb des Gartens, wo "verderbliche Einflüsse" vorherrschten. (Welche schlechten Einflüsse existierten vor dem Sündenfall, wo es Sünde und Tod nicht gab?)

Zweitens: Der Genesisbericht lehrt, daß es vor Adams Sündenfall keine Sünde und keinen Tod gab. Heim und andere lehren, daß bis zu Adam und zum Garten Eden Tod und Sünde herrschten, damit durch natürliche Auslese und den damit verbundenen Tod Evolution bis zu Primaten (Menschenaffen) vorangetrieben werden konnte.

Drittens: Der Genesisbericht lehrt, daß Adam asexuell direkt aus der Materie der Erde gebaut wurde. Ebenso lehrt er, daß Eva asexuell vegetativ aus der Seite Adams gebaut wurde. Karl Heim und die theistischen Evolutionisten lehren, daß beide, Adam und Eva, sexuell, also aus einer Gebärmutter eines Tieres oder eines Nichtmenschen, entstanden.

Viertens: Der Genesisbericht impliziert, daß Eva aus der Rippe vegetativ im Garten gebaut wurde. Karl Heim und die theistischen Evolutionisten lehren, daß sie von außerhalb des Gartens als Nichtmenschen lebendig hineingebracht wurden.

Fünftens: Der Genesisbericht lehrt, daß sich alle biologischen Arten nach ihren Arten oder Spezies fortpflanzten, das heißt, daß die Speziesgrenzen in der Reproduktion respektiert wurden - Fische brachten Fische mit Hilfe sexueller Reproduktion hervor, Menschen Menschen und so weiter. Karl Heim und die theistischen Evolutionisten lehren dagegen, daß Transformismus - die Umwandlung einer Spezies in eine andere - stattfand. Dieses Postulat bleibt außerhalb naturwissenschaftlicher Erfahrung.

Wir schließen also, daß Karl Heims Genesisexegese nicht nur den biblischen Genesistext, sondern gleichzeitig auch naturwissenschaftliche Erkenntnisse verletzt.

Überdenken wir dieses biologische Weltbild von

Karl Heim. Die Biologie wurde demnach durch Zufall und Auslese (Kampf ums Dasein) erschaffen. Zufall ist unter keinen Umständen der Weisheit gleichzusetzen, denn Weisheit und Intelligenz arbeiten, indem sie Zufall ausschließen. Der Intelligente überläßt nichts dem Zufall, wenn er tatsächlich weise und intelligent ist. Intelligenz und Weisheit schließen Zufall gründlich aus.

Nun, das biblische Weltbild sagt aus, daß Gott die Welt durch Weisheit und nicht durch Zufall erschuf - Zufall ist einem Mangel an Weisheit gleichzusetzen. "Herr, wie sind deiner Werke so viel! Du hast sie alle in Weisheit geschaffen" (Psalm 104,24). "Der Herr hat die Erde mit Weisheit gegründet und die Himmel mit Verstand befestigt. Durch seine Erkenntnis brachen die Fluten hervor" (Sprüche 3,19-20). Die Quelle hinter der Schöpfung ist also nach dem biblischen Weltbild unbedingt Erkenntnis, Weisheit - was man heute Intelligenz oder Knowhow nennen würde.

Da müssen wir uns bezüglich Karl Heims Weltbild und des Weltbildes der Neodarwinisten und theistischen Evolutionisten eine kleine Frage stellen: Wenn man zur Bibel Vertrauen hat, kann man dann behaupten, Gott habe die Welt mit Hilfe von Zufall geschaffen? Ist Zufall das gleiche wie Weisheit oder Knowhow? Offenbar sind die beiden Antipole, die sich gegenseitig auflösen, weil sie krasse Gegensätze sind.

Den Ursprung des genetischen Codes kann man nur dann erklären, wenn man das biblische Weltbild gelten läßt. Denn die moderne Informationstheorie kommt ohne Intelligenz und Information bei der

Erklärung des Codes nicht aus. Der Naturwissenschaftler, der behauptet, daß der genetische Code, die genetische Sprache und die in ihr gespeicherte biochemische Information per Zufall zustande kamen, versteht die Grundprinzipien der Informationstheorie nicht - oder will sie nicht verstehen, weil er materialistische Philosophien vertreten will. Der Atheist Aldous Huxley hat gerade das gesagt.[12.)]

Nein, der Gott der Bibel ist in kein falsches, primitives Weltbild gestiegen. Intellektuell gesehen steht heute dem vollen, intellektuell einwandfreien Vertrauen zum biblischen Weltbild nichts im Wege. Erst wenn man weiß, daß der biblische Bericht historisch und intellektuell vernünftig und wahr ist, kann man zu ihm Vertrauen haben. Man kann sich nicht zum Vertrauen zu etwas zwingen, was nicht wahr oder was unvernünftig ist. Gott erwartet von uns nicht, daß wir geistige Akrobatik betreiben wie: "Ich glaube, daß Jona den Walfisch verschlang." Wenn wir versuchen, dem Vertrauen zu schenken, was unsinnig ist, werden wir selbst unvernünftig. Ein solcher Glaube besteht aus Krampf und nicht aus Gottvertrauen.

Das ist gerade der Grund, warum so viel "Gottglauben" in gewissen christlichen Kreisen in Wirklichkeit nichts als Krampf ist, der letzten Endes in die psychiatrische Klinik führt.

Gottes Wort lehrt uns nie den Unsinn eines verkehrten Weltbildes. Auch stieg der Herr Jesus in einen solchen Krampf nicht hinein, als er Mensch wurde - nur weil er Knechtsgestalt annahm. Wer solches behauptet, kennt die absolute, transparente

Wahrhaftigkeit des Schöpfers Jesus Christus offenbar nicht.

Wenn man aber entdeckt, daß die Bibel auch bezüglich ihres Weltbildes Wahrheit ist, wächst das Vertrauen zu ihr auch auf intellektuellem Gebiet. Dann lernt man auch, daß das Wort des biblischen Weltbildes Geist und Leben ist.

Ich persönlich kenne einige ehemalige deutsche Studenten, die zur Zeit der Gründung einer Studentenarbeit in Deutschland einen guten Anfang als Kinder Gottes machten. Dann kamen sie in intellektuelle Schwierigkeiten im Blick auf die obengenannten Probleme. Die Gläubigen haben ihnen dann den falschen Rat gegeben, sie sollten sich zwingen zu glauben. (So: Ich bin von Zuckerkrankheit durch Händeauflegung geheilt, obwohl mein Blutzuckerspiegel 500 mg % ist und mir Azetongeruch zum Mund hinausströmt!) So wurden sie zuerst intellektuell unsinnig und dann bald auch religiös unsinnig. Das ganze Christentum wurde in ihren Augen rasch zu einem Krampf, und sie fielen vom Vertrauen zum Herrn Jesus Christus und seinem Wort ab. Oder sie versuchten, Jesus Christus als Heiland zu verehren, der sich aber bezüglich des Weltbildes, bezüglich der Heilung von Krankheiten und so weiter täuschen konnte. Das Resultat war, daß sie sehr schnell einen absoluten göttlichen, wahren und unfehlbaren Heiland nicht mehr im Herzen hatten. Bald fielen sie vom christlichen Glauben ab und bekämpfen jetzt sogar die meisten evangelistischen Aktivitäten ihrer ehemaligen christlichen Freunde. Ihr Vertrauen zum Wort Gottes wurde zuerst intellektuell unterminiert.

Diese Unterminierung griff dann selbstverständlich in das Herzensvertrauen zu der Heilsbotschaft der Heiligen Schrift über. Man kann diese beiden Aspekte des Vertrauens - das intellektuelle und das heilsgeschichtliche Vertrauen - nicht trennen, ohne "schizophren" zu werden. Und wer schizophren geworden ist, steht in allerlei Spannungen und Wahnvorstellungen, die ihn als Christ sehr leicht unbrauchbar machen. Intellektuelle Redlichkeit und Herzensvertrauen zum Wort Christi gehen Hand in Hand und sind ein Geheimnis der christlichen Vollmacht und Freude.

Vertrauen zum Gotteswort durch Prophetie

Das Selbstzeugnis der Bibel gibt Evidenz nur in eine Richtung. Die Bibel bezeugt von sich selbst, daß Gott gesprochen hat und daß wir hören sollen. Zuweilen sprach Gott in der Form eines Diktats: "So spricht der Herr!" Hier ist die Anrede also direkt. Sonst aber spricht er indirekt durch die verschiedenen Geschichten - nicht in der Form eines Diktats. Hinter diesen Geschichten steckt eine moralische Bedeutung, durch die Gott indirekt zu uns spricht. Solche Geschichten können moralisch hochstehend sein, um die Prinzipien der Heiligkeit, der Ehrlichkeit und der Ausdauer zu beleuchten. Aber sie können auch moralisch tiefstehend sein, um von der Tiefe des menschlichen Sündenfalls Zeugnis abzulegen. Beide Aspekte der biblischen Botschaft - die direkte und die indirekte Art der Anrede - sollen dazu dienen, unser Vertrauen zur Bibel und zum Gott der Bibel zu wecken.

Die Heilige Schrift benutzt aber noch eine dritte Methode, damit wir ihr leichter vertrauen können und unser Vertrauen noch vertiefen. Es handelt sich hier um das prophetische Wort. Prophetische Aussagen sind eigentlich Weltgeschichte und Privatgeschichte im voraus geschrieben. Um diesen Aspekt der biblischen Botschaft zu beleuchten, braucht man nur die alten messianischen Prophezeiungen von Jesaja 53 zu lesen.

Als der äthiopische Kämmerer von Jerusalem nach Hause fuhr, las er diese Prophezeiungen in seinem Wagen: " ...wie ein Lamm, das zur Schlachtbank geführt wird, und wie ein Schaf, das vor seinem Scherer verstummt und seinen Mund nicht auftut. Infolge von Drangsal und Gericht wurde er weggenommen; wer bedachte aber zu seiner Zeit, daß er aus dem Lande der Lebendigen weggerissen, wegen der Übertretung meines Volkes geschlagen ward?" (Jesaja 53,7-8). Da fragte der äthiopische Hofbeamte: "Von wem sagt der Prophet solches? Von sich selbst oder von einem andern?" Von dieser Prophetie ausgehend verkündigte ihm Philippus das Evangelium von Jesus (Apostelgeschichte 8,27-39). Der Hofbeamte setzte daraufhin sein Vertrauen auf die prophetische, jetzt erfüllte Botschaft über Christus. Er hatte zu Jerusalem sicher etwas von der Kreuzigung gehört, denn ganz Jerusalem sprach zu jener Zeit von dieser Begebenheit. Aber das Vertrauen seines Intellekts zur Prophetie genügte nicht. Er besiegelte sein intellektuelles Vertrauen zum prophetischen Wort durch sofortigen praktischen Gehorsam zum Wort Gottes, indem er sich sofort und öffentlich taufen ließ, weil er dem Wort vertraute. Daraufhin zog auch die Freude Gottes in sein Herz ein, denn der Bericht fährt fort: "Er zog fröhlich seines Weges."

Diese Reihenfolge im Wachstum des Vertrauens ist noch bis zum heutigen Tag gültig. Intellektuelles Vertrauen, gefolgt von Herzensgehorsam, bahnt den Weg für die Freude und für den Frieden Gottes, der höher ist als alle Vernunft.

In diesem Fall handelte es sich um das prophetische Wort von Jesaja 53 und um das Vertrauen zu ihm, das das Heil Gottes in ein Menschenherz brachte. Andere Stellen, die Geschichte im voraus verkünden, können das gleiche tun. Man denke an das Buch Daniel, besonders an die Kapitel 2, 4-5 und 7-12, die Weltgeschichte von politischer Seite her voraussagen.

Persönlich glaube ich, daß Gott Daniel diese Schau irdischer Vorgänge durch einen Blick aus der ewigen Schau vermittelte. Daniel wurde in die Transzendenz Gottes versetzt und sah Ereignisse auf der Erde geschehen, wie Gott sie sieht, ehe sie in unserem Zeit-Raum-Kontinuum stattfinden.

Der Herr Jesus Christus selbst akzeptierte diese Weissagungen Daniels als Prophetie - Geschichte im voraus (vgl. Matthäus 24,15; Markus 13,14). Wer meint, daß ein Schwindler die Prophetie schnell nachschrieb, nachdem die "Prophetie" Geschichte geworden war, und zwar unter Daniels Namen, verunehrt den Herrn Jesus Christus selbst. Denn Christus als Schöpfer schenkte Daniel, dem Propheten, völliges Vertrauen. Die Bibel zitiert Daniel als einen Mann, der vor Gott höchste Macht hatte, weil Daniel Gott kannte: " ...und es wären die drei Männer Noah, Daniel und Hiob darin (im Hause Israel), so würden diese durch ihre Gerechtigkeit nur ihre eigene Seele erretten, spricht Gott, der Herr" (Hesekiel 14,14). Diese drei Männer galten als solche, die Gott wohlgefällig waren, weil sie ihn kannten und mit ihm wandelten.

Wenn die Bibel diese Prophezeiungen bringt, obwohl sie doch eine Fälschung gemeinster Art sind - gemein, weil sie angeblich zukünftige Ereignisse hinterher schrieb, um Menschen zu verführen -, wie konnte dann der Herr Jesus Christus solch grenzenloses Vertrauen zu Mose und den geschriebenen Propheten, zu denen Daniel gehörte, haben, wenn Daniels Prophetie eine Fälschung war? (Vgl. Matthäus 22,40; 24,15; 26,56; 27,35 etc.) Christus akzeptierte die geschriebenen Weissagungen Daniels als wahre, geschichtliche Vorausschau.

Das bedeutet natürlich, daß Gott von seiner ewigen Sicht her die für uns noch zukünftige Zeit voraussieht und sie Menschen mitteilen kann, die ihn kennen und mit ihm in der Vergebung und Heiligung in diesem Leben schon verkehren. Die Propheten brauchten diese Mitteilungen nicht notwendigerweise zu verstehen. Sie mußten nur genau hinhören - oder hinsehen ! - und dann treu und genau Bericht erstatten.

Aus der Sicht der Ewigkeit kann man das ganze Spektrum der Ereignisse aller Zeiten "zur gleichen Zeit" erfahren. Das ist unserem zeitbedingten Verstand natürlich nicht möglich. Wenn Gott ewig ist und unser Zeit-Raum-Kontinuum selbst schuf, dann kann er selbstverständlich die für uns noch bevorstehende Zukunft genauso klar überschauen, wie wir vergangene Ereignisse überschauen. Der Glaube an Prophetie ist also mit einem Glauben an einen ewigen Gott und an die Ewigkeit als Dimension gekoppelt. Wenn man der Prophetie glauben will, muß man an einen Gott glauben, der außerhalb des Zeit-Raum-Kontinuums existiert und mit dem Propheten - und uns - tatsächlich in "verständlichen" Kontakt treten kann.

Daß die Bibel prophetische Voraussicht so oft und so genau vermittelt, beweist, daß sie des ewigen Gottes Wort und Mitteilung für uns Zeitgebundene ist. Diese erlebte Tatsache stärkt unser Vertrauen zum Wort Gottes, und da "mein Wort Geist und Leben ist", bringt uns das auch Vertrauen, das "Geist und Leben" ist. Wenn aber das Vertrauen zum Wort Gottes durch eine falsche intellektuelle Einstellung zu ihm durchlöchert wird, leidet die Vollmacht des Geistes des Lebens in uns. Deshalb ist es so überaus wichtig, daß auch intellektuelle Schwierigkeiten im Blick auf das Vertrauen zur Bibel ausgeräumt werden, und zwar nicht durch Autorität - etwa: "Du mußt glauben!" -, sondern durch Einsicht und durch Unterricht in den modernen wissenschaftlichen Erkenntnissen, die die vermeintlichen weltbildlichen Schwierigkeiten im biblischen Text ausgeräumt haben.

Persönliches Vertrauen zum Wort Gottes

Erstens: Das Selbstzeugnis der Bibel ist klar - es ist in den ursprünglichen Texten Gottes Wort, vom Anfang bis zum Ende in allen Details. Nach der Bibel dürfen wir unser Leben als Christen in allen Einzelheiten ordnen - wenn wir die Vollmacht des wirklich christlichen Lebens erfahren möchten. Denn das Wort Gottes macht uns zu jedem guten Werk fähig und wird uns am Ende der Tage vor dem Richterstuhl Christi richten (Johannes 12,48; Hebräer 6,1-3; 1. Petrus 1,23).

Zweitens: Das historische Zeugnis der Bibel hat sich immer als genau erwiesen, wo man es geschichtlich direkt prüfen konnte. Deshalb ist das historische Zeugnis intellektuell vertrauenerweckend.

Drittens: Das Zeugnis des Wortes als Diktat Gottes - "So spricht der Herr..." - ist autoritativ und lenkt unsere Aufmerksamkeit auf einen heiligen und liebenden, gerechten Gott, der mit uns persönlich spricht und so mit uns Kontakt aufnimmt. Der persönliche Gott sucht mit Personen Kontakt; auch das wirkt vertrauenerweckend.

Viertens: Das prophetische Wort hat sich in der Vergangenheit an den Stellen als exakt erwiesen, die schon erfüllt worden sind, so zum Beispiel die Texte von Jesaja 53, nach denen der Messias bis zum Tod für die Sühnung der Sünden der Welt leiden würde. Andere prophetische Stellen sind noch nicht in Erfüllung gegangen - so die Texte über den zur Erde zurückkehrenden Messias, diesmal in Ehre und Herrlichkeit als König der Erde. Da aber die Stellen, die den leidenden Messias verkündeten, schon in Erfüllung gegangen sind, dürfen wir das Vertrauen haben, daß die noch ausstehenden Stellen ebenso detailliert in Erfüllung gehen werden, und zwar am Ende dieses Zeitalters.

Beweise in dieser Richtung - Erfüllung des vorausgesagten prophetischen Wortes in der Geschichte - bezeugen die Zuverlässigkeit des prophetischen Wortes und überführen unseren Intellekt, so daß er sich darauf verlassen kann. Aber Gott will nicht nur eine intellektuelle Zustimmung zu seinem Wort haben, er will eine Zustimmung des Herzens zu ihm und seiner Gesinnung noch dazu haben. Warum aber beides?

Die Antwort ist sehr einfach. Der Text "mein Wort ist Geist und Leben" bedeutet nicht, daß das Wort irgendeine magische Wirkung besitzt. Es ist nicht der Fall, daß das Erlernen und das "Umsichwerfen mit Bibeltexten" eine magische Wirkung auf andere Menschen nach sich zieht. Im Gegenteil, es stößt andere vernünftige Menschen ab. "Mein Wort" vermittelt bloß das Wesen und die Gesinnung Gottes, die Heiligkeit, ja die Persönlichkeit Gottes - wie er in Wirklichkeit ist, wie er charakterlich aussieht. Alle Aussagen der ganzen Bibel - Altes und Neues Testament - sind nötig, um uns dieses Bild des Wesens Gottes zu vermitteln. Aber gerade dieses Bild soll unser Intellekt und unser Herz aufnehmen.

Wenn man Gott in seinem ganzen Wort sieht, sieht man ihn, wie er tatsächlich in seinem Wesen ist. Herz und Intellekt brauchen dieses Bild. Wenn man also Teile des Wortes - etwa Teile der Zehn

Gebote oder Teile des Genesisberichtes - für unseren Intellekt und unser Herz blockiert, schließt man ganze Bereiche des Charakters, des Logos Gottes, aus unserem Erkenntnisbereich. Wenn man Teile des Bildes eines Menschen ausläßt, erhält man unweigerlich eine Karikatur dieses Menschen. Die Menschen, die nicht die ganze Heilige Schrift mit Intellekt und Herz annehmen, gehen mit einem unvollständigen Bild, das heißt mit einer Karikatur Gottes um, so daß sie durch das Betrachten des Wortes Gottes nicht in sein Bild verwandelt werden, sondern in eine Karikatur Gottes. "Denn der Herr ist der Geist; wo aber der Geist des Herrn ist ("mein Wort ist Geist"), da ist Freiheit. Wir alle aber spiegeln mit unverhülltem Angesicht die Herrlichkeit des Herrn wider und werden umgewandelt in dasselbe Bild, von Herrlichkeit zu Herrlichkeit, nämlich von des Herrn Geist [= Wort, Logos]" (2. Korinther 3,17-18).

Der Umgang mit dem Herrn in seinem Logoswort übt eine verwandelnde Wirkung auf uns aus. Das Bild Gottes im Wort, mit dem wir umgehen, wandelt uns in sein Bild der Herrlichkeit um. Deshalb ist es absolut unerläßlich, daß wir das ganze Wort Gottes in unserem Umgang mit der Bibel auf uns einwirken lassen, daß wir dem Wort in allen Dingen liebenden Gehorsam leisten. Denn auf diese Weise werden wir geheiligt, das heißt ihm ähnlich gemacht. So muß christliche Vollmacht direkt von der Stellung unseres Intellekts und unseres Herzens zum Wort Gottes abhängig sein. Es ist schön, wenn wir intellektuell zum Wort Gottes "ja" sagen können. Dies ist aber nicht genug, denn diese Einstellung kann uns zu Pharisäern machen. Technisch gesehen zeigten die Pharisäer diese Einstellung. Sie bejahten das Wort intellektuell, handelten aber nicht danach, weil sie es nicht auch mit dem Herzen taten. Wichtig ist, daß wir uns beeilen, seine Gebote (sein Wort) zu halten, sowie wir sie kennen. "Ich habe mich beeilt und nicht versäumt, deine Gebote zu befolgen" (Psalm 119,60).

Wenn der Christ von der Autorität und Zuverlässigkeit der Bibel in seinem Intellekt und seinem Herzen überzeugt ist, dann muß er sich vernünftigerweise überlegen, ob er sich ihr von ganzem Herzen, freiwillig, ausliefern will, so daß sie allein seinem Leben die Richtung gibt und für seine Entscheidungen maßgeblich ist. Er überlegt die Bedeutung der beiden Bibeltexte: "Wenn jemand mich liebt, so wird er mein Wort befolgen" (Johannes 14,23) und "Sein Wort habt ihr nicht bleibend in euch, weil ihr dem nicht glaubet, den er gesandt hat" (Johannes 5,38). So verlangt die Heilige Schrift unbedingtes Vertrauen des Intellekts und des Herzens zu dem, was der Herr Jesus Christus lehrte und lebte - auch in bezug auf den Genesisbericht, Mose und die Propheten. Der Anspruch ist total, wenn er auch in der Wirkung - christliche Vollmacht - total sein soll.

Die Folgen einer solchen Herzenseinstellung sind verblüffend: "Wenn ihr in mir bleibet und meine Worte in euch bleiben, möget ihr bitten, was ihr wollt, so wird es euch widerfahren" (Johannes 15,7). Das Entgegengesetzte gilt auch - wenn seine Worte nicht in uns bleiben, gibt es wenig Gewißheit im Gebet. Das Verbleiben im geschriebenen - oder auch gesprochenen - Wort wird dem Verbleiben in Jesus gleichgesetzt! Denn das Wort stellt den Logos, die Gedanken, die Gesinnung, den Charakter und das Wesen Jesu Christi dar.

Das Wort Gottes gibt den Charakter des Vaters wieder, genau wie Christus, der Mensch, den Charakter Gottes wiedergab: "Wer mich gesehen hat, der hat den Vater gesehen!" (Johannes 14,9). Und: "Ich und der Vater sind eins" (Johannes 10,30).

Weil das Wort Gottes der ganzen Heiligen Schrift vom Charakter und Wesen Jesu Christi spricht und ihn genauestens beschreibt, kann man unmöglich totales Vertrauen zu ihm haben, wenn man nicht auch totales Vertrauen zum ganzen Wort Gottes aufbringt. Vertrauen zur zweiten Person der Trinität ist direkt durch das Vertrauen zu seinem Wort bedingt. Das biblische Wort und der lebendige Christus sind also kongruent.

Die Konsequenzen dieser Erkenntnis sind tiefgreifend:

Erstens: Eine gesetzliche, mechanische Auffassung des Wortes Gottes wird eine gesetzliche, mechanische Auffassung von Christus nach sich ziehen. Man vergißt so leicht, daß Christus eine Person ist und nicht bloßer Text - obwohl der Text der Bibel die Person Christi vermittelt. Das gehorsame Lesen des Wortes Gottes erzeugt ein persönliches Verhältnis zu ihm - nicht bloß ein theoretisches, unpersönliches Verhältnis. Schließlich fängt man an, das Wort Christi so zu lieben, wie man die Person, die das Wort vermittelt, liebt. Diese Liebe ist alles andere als pharisäische Gesetzlichkeit, die den vollkommenen Paragraphenreiter produziert.

Zweitens: Christi Wort gibt Christi Geist, Gesinnung und Persönlichkeit wieder. Die Heilige Schrift bezeugt: "Dieser Geist [der "Abba, lieber Vater!" ruft und der Christus liebhat] gibt Zeugnis unsrem Geist, daß wir Gottes Kinder sind" (Römer 8,16). Der Mensch, der sich in Liebe dem Sohn Gottes und dem geschriebenen Wort des Sohnes ausliefert, liefert sich dem Wesen und der Gesinnung Gottes aus. Wenn wir uns nun auf diese Weise seiner Gesinnung ausliefern, dann antwortet Gott mit der Gegenwart seines Geistes in unseren Herzen. Und der Geist, der so in unsere Herzen ausgegossen wird, gibt unserem Geist Zeugnis, daß wir tatsächlich seine Kinder sind. Denn die Gesinnung Gottes ist in dem Fall unsere eigene Gesinnung. Diese gemeinsame Gesinnung zwischen Gott und seinen Kindern erzeugt die frohe Gewißheit, daß wir Kinder seines Geistes sind. Heilsgewißheit auf irgendeiner anderen Basis ist eine trügerische Illusion und oft noch dazu ein abscheulicher Krampf, der nie echt wirkt, selbst nicht in den Augen von Weltmenschen.

Die Erfahrung der Antwort seines Geistes in unseren Herzen, daß wir Kinder Gottes sind, ist natürlich eine subjektive Erfahrung - wie alle persönlichen Liebeserfahrungen subjektiv sind. Die Basis solcher Erfahrungen ist aber - und dies muß man sehr stark betonen - das Vertrauen zu seinem Wort und der Gehorsam seinem Wort gegenüber. Wiederum ist das Vertrauen zu seinem Wort nicht möglich, wenn man sein Wort außer Kraft setzt - zum Beispiel wenn man behauptet, daß Gott die Welt und die Biologie durch Zufall, Planlosigkeit,

Intelligenzlosigkeit und durch Mangel an Weisheit erschuf - wie die Darwinisten und theistischen Evolutionisten das behaupten -, statt durch Plan, Voraussicht, Weisheit und Intelligenz.

Wichtig ist zu erkennen, daß man sich dem Wort intellektuell nicht anvertrauen kann, wenn man mit der Vernunft und mit dem Intellekt nicht davon überzeugt ist, daß es von allen Aspekten aus zuverlässig ist. Der Versuch, sich einem Text oder einem Wort anzuvertrauen - im biblischen Sinn anzuvertrauen -, wenn man zur gleichen Zeit "weiß", daß es falsche Weltbilder, falsche Historie und vielleicht gar falsche Vorstellungen von Gott oder Moral vermittelt, endet in einem unsinnigen Krampf, in Unglauben, in Schwarmgeist und auch in Neurosen. Dieses Phänomen sieht man heute oft in gewissen christlichen Kreisen, die eher mit der Emotion als mit der Intelligenz, Wahrheit und biblischem Geist operieren. Krampfhaft versuchen sie, sich einem Wort der Bibel anzuvertrauen, das sie nicht begreifen und auch gar nicht zu verstehen versuchen. In solchen Kreisen greift man zur Seelenmassage statt zur vernünftigen, offenen, ehrlichen, tiefgründigen Bibelarbeit.

Bibelstudium mit dem Zweck, den Text zu verstehen, ist heutzutage auch in evangelikalen Kreisen relativ rar geworden. Deshalb entsteht so selten dieses spontane Zeugnis seines Geistes, der uns Zeugnis gibt, daß wir wahrhaftig seine Kinder, Kinder des Gottes der Bibel, sind.

Das Gesagte gilt besonders im Blick auf die Bibeltexte, die die heutige Kultur ablehnt, so zum Beispiel die biblischen Texte über Biogenese und die Entstehung des Menschen, die Entstehung von Eva, die Zehn Gebote, die Ahnentafeln, Noahs Sintflut, endzeitliche Prophetie und das Jüngste Gericht. Junge Menschen lernen in unseren Schulen fast ohne Ausnahme, daß gerade diese biblischen Texte heute nicht ernst zu nehmen sind, wenn man modern wissenschaftlich denkt. Wenn diese jungen Leute dann Christen werden, erfahren sie, daß die ganze Bibel auch im Blick auf solche Texte ernst zu nehmen ist. Doch lehnt sie ihre Vernunft ab, denn ihre Vernunft ist in der Schule in dem Sinne präkonditioniert worden, daß sie an diese Texte nicht glauben können. So stehen solche jungen Menschen - und alte noch dazu - in einer Art Schizophrenie - auf den Knien im Gebet glauben sie an das ganze Wort, und wenn sie aufstehen, um in die Universität oder ins Geschäft zu gehen, dann können sie solchen biblischen Informationen keinen Glauben schenken.

Deshalb ist intellektuelle Aufklärung auf diesen Gebieten absolut unerläßlich, wenn das Zeugnis seines Geistes in unserem Geist sein soll - wenn christliche Vollmacht in vollem Umfang bei uns zur Auswirkung kommen soll. Denn die Worte der Bibel gelten immer noch - heute wie gestern und in der Zukunft -: "Die Worte, die ich zu euch geredet habe, sind Geist und sind Leben" (Johannes 6,63). Seine Worte beinhalten, nach moderner textkritischer Forschung zu schließen, die Aussprüche der ganzen Heiligen Schrift, wie wir sie heute kennen.

Anhang

1.) Das Problem des Schöpfungsberichtes ist in einigen meiner naturwissenschaftlichen Bücher eingehend behandelt worden - vgl "Herkunft und Zukunft des Menschen", Hänssler-Verlag, Neuhausen-Stuttgart.

2.) Vgl. auch mein Buch "Grundlage zu einer neuen Biologie", wo ich die Geschichte der Rippe behandelt habe. Hänssler-Verlag, Neuhausen-Stuttgart

3.) "Die Sintflut" - Hänssler-Verlag, Neuhausen-Stuttgart

4.) Siehe New Scientist 2.10.75, 68, Seite 4, vgl. auch Science News 4.10.75, Seite 214

5.) Vgl. "Herkunft und Zukunft des Menschen", "Grundlage zu einer neuen Biologie", Telos, Hänssler-Verlag, Neuhausen-Stuttgart

6.) A.E. Wilder Smith: "Grundlage zu einer neuen Biologie", Seiten 152 - 156. Telos, Hänssler-Verlag, Neuhausen-Stuttgart

7.) A.E. Wilder Smith: "Grundlage zu einer neuen Biologie", Telos, Hänssler-Verlag, Neuhausen-Stuttgart

8.) David C.C. Watson: "Die große Gehirnwäsche", Verlag Hermann Schulte, Wetzlar

9.) Vgl. A.E. Wilder Smith: Die Demission des wissenschaftlichen Materialismus, Telos, Hänssler-Verlag, D-7303 Neuhausen-Stuttgart

10.) E.A. Smith: "Die Demission des wissenschaftlichen Materialismus", Telos, Haenssler-Verlag, Neuhausen-Stuttgart

11.) C.S.Lewis:..The Problem of Pain", New York 1948, Seite 3-4

12.) Aldous Huxley: "Confession of a Professed Atheist",Report: Perspective on the News, Vol.3, Juni 1966,Seite 19

J. L. GASSLER

DER UNVERGLEICHLICHE

DURCH IHN WURDE DIE WELT
VERÄNDERT

A. E. WILDER SMITH

DIE ZUVERLÄSSIGKEIT DER BIBEL

DR. HANS HEINZ

RADIKALE VERÄNDERUNGEN STEHEN BEVOR

WOHIN FÜHREN SIE?

ALFRED ZOLAU

GEMEINTES UND UNGEMEINTES ÜBER

TOD UND AUFERSTEHUNG, HIMMEL UND HÖLLE

HARTMUT SINNES

EINE NEUE WELTORDNUNG?

Bestellschein

Hiermit bestelle ich:

.... Ex. **Der Unvergleichliche**

.... Ex. **Die Zuverlässigkeit der Bibel**

.... Ex. **Radikale Veränderungen stehen bevor**

.... Ex. in Französisch

.... Ex. in Italienisch

.... Ex. in Polnisch

.... Ex. **Tod und Auferstehung, Himmel und Hölle**

.... Ex. in Kroatisch

.... Ex. **Eine neue Weltordnung?**

Preise, Mengenrabatt

Bis 9 Exemplare DM 5.–, ÖS 40.–, sFr. 5.– pro Stück.
Ab 10 Exemplaren (auch gemischt) DM 3.50, ÖS 28.–, sFr. 3.50 pro Stück.
Ab 30 Exemplaren DM 2.50, ÖS 20.–, sFr. 2.50 pro Stück.
Zuzüglich Versandkosten, Preisänderungen vorbehalten.

Senden Sie Ihre Bestellung an eine der folgenden Adressen:

In Deutschland:	In Österreich:	In der Schweiz:
Saatkorn-Verlag	Wegweiser-Verlag	Advent-Verlag
	Nußdorferstraße 5	
20139 Hamburg	1090 Wien	3704 Krattigen

Name . . . .

Vorname . . . .

Strasse . . . .

Land/PLZ/Ort . . . .

Datum/Unterschrift . . . .

Bestellschein

Bitte senden Sie mir weiterführende Literatur über das Leben Jesu von Ellen G. White:

.... Ex. **Der Eine – Jesus Christus**
568 Seiten, 69 Kapitel, Schriftstellenverzeichnis, Taschenbuch

.... Ex. **Das bessere Leben**
144 Seiten, Taschenbuch

Die Preise erfragen Sie bitte bei einer der untenstehenden Adressen.

Schneiden Sie diese Seite heraus und senden Sie sie an eine der folgenden Adressen:

In Deutschland:	**In Österreich:**	**In der Schweiz:**
Saatkorn-Verlag	Wegweiser-Verlag Nußdorferstraße 5	Advent-Verlag
20139 Hamburg	1090 Wien	3704 Krattigen

Name . . . .

Vorname . . . .

Strasse . . . .

Land/PLZ/Ort . . . .

Datum/Unterschrift . . . .